Bianca Gusenbauer

ZU GAST IN DER *geheimen* *Schnatterei*

KULINARISCHE ERZÄHLUNGEN IN 12 MENÜS

Inhalt

Vorwort

Liebe Köchinnen und Köche!

Im November 2010 habe ich aufgrund verschiedener Erlebnisse und Erzählungen an einem Freitagabend bei einer Weinverkostung das Konzept der „geheimen Schnatterei" in meinem Kopf zusammengestellt. Vereinfacht beschrieben, treffen sich an einem solchen Abend einander unbekannte Gäste bei unbekannten Gastgebern oder Gastgeberinnen, die ich bekoche und gemeinsam mit dem Gastgeber verwöhne (Rezept Seite 6).

Die Idee daran ließ mich das ganze Wochenende nicht mehr los. Nachdem ich mein Vorhaben mit einigen Freunden besprochen und am nächsten Tag den passenden Namen dafür gefunden hatte, beschloss ich, es am Montagabend im Freundes- und Bekanntenkreis vorzustellen, auch wenn ich mich mit meiner Idee blamieren sollte. Mir war jedoch klar, dass ich das einfach ausprobieren und machen muss. Also habe ich mein gedankliches Konzept niedergeschrieben und an die ersten 20 Personen verschickt. Mit dem Ergebnis, dass ich am nächsten Morgen bereits zwei Anmeldungen und bis zum Abend ausgebucht war! ***Ein ganz herzliches Dankeschön an diejenigen, die sich gleich für das erste Abendessen begeistern ließen.***

Zu Beginn glaubte ich, dass die größte Herausforderung darin bestehen würde, potenzielle Gastgeber und Gastgeberinnen von meinem Plan zu überzeugen und mitzumachen.

Darin habe ich mich aber glücklicherweise grundlegend geirrt. Ich habe durchwegs Menschen getroffen, die mich mal besser, mal weniger bis gar nicht kannten und mich in ihre Wohnung eingeladen haben. Es war jedes Mal ein kleines Projekt für sich und immer eine neue kochtechnische Herausforderung, da ich die Küchen nur von einer Besichtigung her kannte.

Noch viel aufregender und außergewöhnlicher ist allerdings die Situation, dass bekannte und unbekannte Gäste in die Wohnung des jeweiligen Gastgebers eingeladen werden. ***Vielen Dank an alle Gastgeber und Gastgeberinnen in Linz und Wien, die sich bis jetzt bereit erklärt haben, bei der „geheimen Schnatterei" dabei zu sein, denn ohne sie würde das Konzept nicht funktionieren.*** In diesem Kochbuch stelle ich daher stellvertretend für alle anderen 12 Gastgeber und Gastgeberinnen aus der schon recht großen Gruppe vor. ***Großen Dank an alle, die hoch motiviert bei diesem Kochbuch mitgewirkt haben und ihren privaten Wohnraum mit uns teilten!***

Ganz wichtig ist es mir – und das habe ich bis jetzt auch konsequent durchgehalten –, dass ich bei jeder Einladung neue Rezepte ausprobiere und variiere. Dabei achte ich insbesondere auf saisonale und regionale Zutaten. Für mich ist das weitaus spannender, als die Kreation von Gerichten mit exquisiten bzw. exotischen Zutaten. Viel Wert lege ich auch auf das Zusammenspiel mit den Gastgebern. Das verringert die Arbeit und nimmt den Druck auf beiden Seiten, sodass wir die Gäste kennenlernen und den Abend (fast) völlig entspannt genießen können.

Viele Gäste und Gastgeber sind überrascht, dass ich bei 13 bis 15 Teilnehmern ruhig am Tisch sitzen und plaudern kann. Eine wesentliche Grundlage dafür ist es, dass ich mich selbstverständlich gut vorbereite und Menüs zusammenstelle, die meine Präsenz in der Küche während des Abends auf ein Minimum beschränken.

Diesen Prinzipien folge ich auch in diesem Kochbuch. Denn zum einen soll man nicht schon beim Besorgen der Ingredienzien aufgrund des zeitintensiven Einkaufs scheitern. Zum anderen sollten die Menüs so kombiniert sein, dass es dem Koch oder der Köchin möglich ist, den Abend mit den Gästen und nicht in der Küche zu verbringen.

Das Kochbuch ist in 12 viergängige Menüs aufgeteilt, jede Speise kann aber auch separat zubereitet werden. Die Menüs wurden jeweils bei einem Gastgeber oder einer Gastgeberin gekocht und gemeinsam mit Gästen verkostet. Gleichzeitig haben mindestens drei Köche und Köchinnen jeweils ein Menü bei sich zu Hause nachgekocht und mir ihre Erfahrungen und Verbesserungsvorschläge geschickt. Alle diese Anmerkungen wurden bei den Rezepten berücksichtigt.

Als Köchin bitte ich Sie:
„Haben Sie MUT zur Lücke!"

Wenn gewisse Zutaten nicht oder nur schwierig zu bekommen sind oder etwas nicht schmeckt, dann sollten diese einfach durch andere ersetzt oder weggelassen werden. Geben Sie jedem Rezept eine Chance und seien Sie offen für neue Geschmacksrichtungen. Ich weiß, nachdem ich selber im Mühlviertel in einem kleinen Ort aufgewachsen bin, dass es am Land oft schwieriger oder aufwendiger ist, gewisse Zutaten aufzutreiben. Trotzdem wollte ich teilweise darauf nicht verzichten, habe jedoch versucht die Zutatenliste zu beschränken, damit ich niemanden abschrecke. Mein kleines Gewürzsortiment, das man sich für dieses Kochbuch zulegen kann, finden Sie auf Seite 12.

Ich koche immer vier Gänge, wobei der Aperitif, der übrigens nicht am Tisch serviert werden sollte, als Auftakt des Abends eine besondere Rolle einnimmt. Besonders dann, wenn Gäste eingeladen werden, die sich untereinander nicht kennen, oder um die Spannung auf das Menü zu steigern. Ob das Menü aus vier oder drei Gängen besteht oder das selbst gebackene Brot durch gekauftes ersetzt wird, spielt keine so große Rolle. Aber auf den Aperitif würde ich unter keinen Umständen verzichten! Natürlich können die Gerichte geändert, abgewandelt werden, und die Speisenfolge bei den einzelnen Menüs ist lediglich ein Vorschlag, der an die Gegebenheiten angepasst werden kann. Um Sie bei der Planung des Abends zu unterstützen, finden Sie am Ende der Menüs einen Ablaufplan und eine Einkaufsliste. Grundsätzlich kann jedes Menü an einem Tag gekocht werden, aber oft macht es Sinn, dass man bereits früher damit beginnt.

Also, entspannen Sie sich und genießen Sie die Zeit! Denken Sie daran: Nichts und niemand ist perfekt, und die Gäste wissen nichts von fehlenden Gewürzen oder Abwandlungen der Rezepte. Mut zur Lücke, wenn Zutaten nicht verfügbar sind oder vergessen wurden. Die Rezepte sind lediglich als Anleitung für eine Zusammenstellung der Zutaten zu sehen. Seien Sie kreativ und wandeln Sie die Rezepte ab, falls Sie Lust dazu haben.

Ich wünsche viel Spaß beim Kochen und Gastgebersein und jede Menge positive Kocherlebnisse!

Mahlzeit, Bianca

Wien, im Oktober 2012

Rezept für eine *geheime* Schnatterei
(für 14–16 Personen)

VORBEREITUNGSZEIT: 25–30 Stunden
DAUER: 6–10 Stunden
KALORIENZUFUHR: 1200–3000 kcal
UNTERHALTUNGSWERT: abhängig von den Gästen

ZUTATEN
1 Gastgeber/in
1 Wohnung
Tische, Stühle, Teller etc. für 14–16 Personen
Zutaten für ein viergängiges Menü
Getränke
Zeit
12 Gäste
Ich

ZUBEREITUNG
1. Potenzielle Gastgeber melden sich bei mir, wenn sie gerne die „geheime Schnatterei" in ihrer Wohnung zu Gast haben möchten.
2. Wir verabreden uns zu einem Lokalaugenschein in der Wohnung des Gastgebers.
3. Wenn die Wohnung geeignet und Sympathie vorhanden ist, dann wird ein Termin für eine gemeinsame „Schnatterei" vereinbart.
4. Freunde der „geheimen Schnatterei" bekommen eine persönliche Einladung inklusive Hausordnung für den nächsten Termin per E-Mail zugeschickt. Die freien Plätze werden an die Interessenten vergeben.
5. Ich stelle ein Menü mit „geheimen" Rezepten zusammen und erledige sämtliche Einkäufe für den Abend.
6. Die Adresse des Gastgebers wird kurz vor dem Abendessen per E-Mail an die angemeldeten Gäste gesendet. Der Gastgeber ist den eingeladenen Gästen unbekannt.
7. Die Vorbereitungen beginnen bereits einige Tage vor dem gemeinsamen Abend.
8. Die Gäste treffen um 19:30 Uhr in der Wohnung ein und werden vom Gastgeber mit einem Aperitif begrüßt.
9. Die einander unbekannten Gäste lernen sich, Gastgeber und mich beim Aperitif kennen.
10. Gastgeber und ich bitten zu Tisch.
11. Geheim …
12. Die ersten Gäste verabschieden sich.
13. Nachdem der letzte Gast die Wohnung verlassen hat, werden die Tore der „geheimen Schnatterei" an diesem Ort wieder geschlossen. Vielleicht sieht man sich ja in einer anderen Wohnung wieder …

Qualitätskontrolle

Im Rahmen des Kochbuches haben rund 50 Köche und Köchinnen mit sehr unterschiedlichen Kocherfahrungen meine Rezepte nachgekocht und auf Vollständig- und Verständlichkeit überprüft. Jedes Rezept wurde mindestens drei Mal zubereitet und daher von mehr als 150 Personen verkostet. Vielen Dank an meine Qualitätsköchinnen und -köche für ihr Engagement!

Sigrid Heiligenbrunner
Sandra Lumetsberger
Gudrun Steiner
Maria Buchberger
Karin Kiendler
Renate Sacher
Claudia Colombo
Charlotte Kandel
Jakob Urbanek
Barabara Riedenbauer
Birgit Freudenthaler
Alexandra Brandstetter
Sonja Lengauer
Petra Illnar
Anton Pirker
Carina Diesenreiter
Patricia Bachmayer
Cora Zimbrich
Iris Schirl
Daniel Merten
Anita Katzengruber
Martin Haidacher
Karin Sommer
Sonja Langer
Doris Hanitsch
Birgit Gusenbauer
Elke und Christian Jagersberger
Tanja Huspek
Katharina Kothmiller
Amaia Sotes
Jürgen Pletterbauer
Rainer Tüchelberger
Veronika Mlitz
Angelika Varga
Tanja Etzelstorfer
Gudrun Maier & Familie
Sylvia Zibuschka
Priska Jagersberger
Maria Mayerwöger
Elke Grill
Claudia Topolic
Roman Kamenik
Roland Humer & Steffen Wagner
Kathi, Kerstin und Julia Rindfleisch
Elmar Strallhofer
Michael Schmid
Christiane Reitshammer
Anja Aichinger
Thomas Gratzer
Eva Klugsberger

Meine kleine Einkaufs- und Kochphilosophie

Da ich mich schon sehr lange mit Lebensmitteln und Kochen beschäftige, war es für mich bei der „geheimen Schnatterei" besonders wichtig, meine Ideale einzuhalten und diese auch durch meine Gerichte zu kommunizieren. Die Ideen des „Slow Food", die in den letzten Jahren immer bekannter geworden sind, werden Sie auch bei mir wiederfinden. Die wesentliche Essenz meiner in Folge kurz dargestellten kulinarischen Gedanken ist: **„Einkaufen mit Hirn und Herz!"**

Obst & Gemüse

Es ist mir wichtig, **regionale und saisonale** Ware einzukaufen und zu verwenden. Ich versuche, kaum bis selten Zutaten zu kaufen, die gerade „nicht Saison haben". Eine Ausnahme sind Zitrusfrüchte, da sie ganzjährig importiert werden müssen und ich den mediterranen Geschmack, der durch Zitronen oder Orangen entsteht, liebe und leider nicht durch andere Lebensmittel ersetzen kann. Insbesondere im Frühling „hungert" natürlich schon jeder nach Obst und Gemüse, das mehr zu bieten hat als **das lokale Winterangebot**. Das kann nach einem langen Winter jeder verstehen. Importiertes Obst und Gemüse, welches in Österreich das ganze Jahr über zu kaufen ist, wie beispielsweise Äpfel aus Südafrika oder -amerika, haben im Sinne meiner Kochphilosophie trotzdem Hausverbot. Das Argument, dass ein einzelner Einkauf keine großen Auswirkungen hat, stimmt so nicht. Denn **Nachfrage schafft Angebot** und natürlich auch umgekehrt. Orientieren Sie sich am „Saisonkalender für österreichisches Gemüse und Obst" (siehe Seite 10–11) und wählen Sie danach die Rezepte aus. Er versteht sich als grobe Einteilung der verfügbaren Produkte, wobei natürlich noch zwischen Glashaus- und Freilandanbau unterschieden werden kann, da der Glashausanbau vergleichsweise sehr energieintensiv ist.

Backwaren

Auf unsere **Brotkultur** können wir in Österreich zu Recht sehr stolz sein. Leider hat aber bei vielen Menschen Brot mittlerweile nicht mehr den Stellenwert und ist zu Junkfood geworden. In den letzten etwa zehn Jahren hat es insbesondere im städtischen Gebiet – wie leider auch in allen anderen Lebensmittelbereichen – eine starke Entwicklung hin zu Industrieproduktion und Aufbackprodukten in Supermärkten gegeben. Die Haltbarkeit und die Qualität von Brot ist gleichzeitig damit stark zurückgegangen. Industriell gefertigtes Brot enthält neben den eigentlichen Zutaten meist auch noch Zuckerrüben- oder Malzsirup, damit es „gefälliger" schmeckt und „gesünder" aussieht.

Haben Sie schon einmal selber Brot gebacken? Auch wenn Sie glauben, dass Sie keine Zeit dafür haben, sollten Sie es trotzdem probieren. Einfach um zu sehen und zu schmecken, wie Brot ohne Zucker und aus vollem Schrot und Korn schmeckt. Ich backe das Brot für die Abendessen gerne selber. Erst wenn Sie es ausprobieren, werden Sie sehen, wie unkompliziert es ist. Wenn es aber zu viel Stress bedeutet und keine Zeit dafür erübrigt werden kann, dann tun Sie sich und Ihrem Körper etwas Gutes und kaufen Sie qualitativ hochwertiges Brot.

Achtung:

Je eingeschweißter und je mehr Zutaten auf der Verpackung stehen, desto geringer ist der Nährwert.

Fisch & Fleisch

In den letzten 20 Jahren haben sich Fleischangebot und Konsumverhalten in Hinsicht auf Qualität meines Erachtens drastisch verschlechtert. Sinnlose Tiertransporte, Massentierhaltung und die damit einhergehenden Dumpingpreise in allen Bereichen, insbesondere beim Schweinefleisch, charakterisieren unser derzeitiges Angebot. Fleisch für jeden und jederzeit, so könnte man glauben, ist der Slogan der Fleischindustrie. Wesentlich für die Fleischqualität ist die artgerechte und naturnahe Tierhaltung, die auch ihren Preis hat.

Meine Erfahrung zeigt, dass Konsumenten kaum Verantwortung für diese Verschlechterung übernehmen. Und wenn es vielleicht in Ihren Ohren auch sehr fundamentalistisch klingen mag, so ist der übermäßige Fleischkonsum zu einem wesentlichen Teil für den übermäßigen CO_2-Ausstoß verantwortlich. Zeigen Sie Flagge und kaufen Sie bewusst ein! Meine Menüs bestehen meistens nur aus einer oder keiner Fleischspeise, da ich mich aus vielerlei Gründen beim Fleischkonsum beschränke. Und ehrlich gesagt, eine gute Köchin oder einen guten Koch zeichnet es besonders aus, wenn sie bzw. er auch aus einfachen Lebensmitteln leckere Gerichte zaubern kann. Oder? Ähnliches gilt natürlich für den Fischkonsum. Süßwasserfische, wie beispielsweise Pangasius oder Viktoriabarsch, sollten eigentlich nicht auf Ihrem Einkaufszettel stehen. Abgesehen vom langen Kühlweg und den fragwürdigen Produktionsbedingungen, können die beiden genannten Arten gut durch lokale Fische (z. B. Saibling oder Forelle) ersetzt werden. Importierte Ware aus dem Meer ist in einem vernünftigen Ausmaß vertretbar, und zwar wenn sie aus unseren Nachbarländern stammt und man selbst beim Gedanken an die lange Kühlkette keine Gänsehaut bekommt. Dennoch bevorzuge ich persönlich auf meinem Speiseplan die heimische Fischwelt und genieße Meeresfrüchte lieber vor Ort.

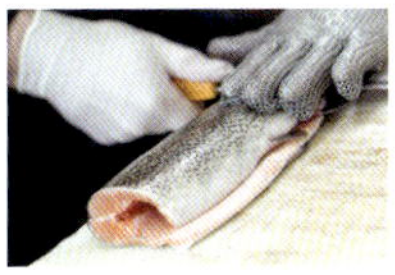

Gewürze & Kräuter

Gewürze und Kräuter, die zum Kochen verwendet werden können, gibt es in Hülle und Fülle. Es wird behauptet, dass ein guter Koch oder eine gute Köchin einer/eine ist, der/die auch in der Kunst des Würzens bewandert ist. Mein Küchenregal ist übervoll mit Gewürzen, die man für die asiatische, arabische und europäische Küche benötigt. Wenn es möglich ist, kaufe ich selbstverständlich vor Ort ein, in Österreich besuche ich oft „exotische" Märkte, die sämtliche Grundgewürze für die arabische und asiatische Küche anbieten. Auch das Internet ist mittlerweile eine gute Bezugsquelle, insbesondere wenn man größere Mengen bestellen möchte.
Wenn Sie die Gewürze von Seite 12 auf Vorrat haben, dann können Sie die meisten der Gerichte in diesem Kochbuch nachkochen. Die Liste hat aber keinen Anspruch auf Vollständigkeit. Es sind nur jene Gewürze und Kräuter beschrieben sowie abgebildet, die in den hier vorgestellten Rezepten eine Rolle spielen. Probieren Sie einfach auch andere Gewürze und Kräuter aus und experimentieren Sie!

In meiner kleinen Einkaufs- und Kochphilosophie will ich keine Moralpredigt halten oder Verhaltensweisen vorgeben, sondern lediglich auf die Eigenverantwortung beim Einkauf von Lebensmitteln aufmerksam machen.
„Du bist, was du isst", das haben Sie sicher im Zusammenhang mit gesunder und besserer Ernährung schon gehört oder gelesen. Aber nicht nur die Verantwortung für den eigenen Körper, sondern sich auch die Mitverantwortung für die Gesamtsituation in der Lebensmittelindustrie vor Augen zu führen, ist wichtig.
Auch Kleinvieh macht bekanntlich Mist, und so trägt jedes Individuum sein Scherflein zum Ganzen, sprich zu unserer Lebensqualität bei. Agieren Sie deshalb sowohl beim Einkaufen als auch beim Kochen im Sinne von Nachhaltigkeit. Beides ist mit einfachen Mitteln und geringem Aufwand möglich!

Saisonkalender für österreichisches Gemüse und Obst

Der folgende Kalender gibt einen Überblick über das im jeweiligen Monat verfügbare heimische Gemüse- und Obstangebot. Bei meinen Menüs habe ich darauf geachtet, dass hauptsächlich heimische Zutaten verwendet werden, aber heiliger als der Papst bin auch ich nicht. Denn ich verwende bei einem Großteil meiner Rezepte Zitrusfrüchte (Zitronen, Orangen) als Gewürze. Wer das nicht möchte, kann insbesondere beim Säuern ebenso Essig oder Verjus verwenden.

Monat	Gemüse	Obst
Januar	Chinakohl, Karotten, Kartoffeln, Knoblauch, Kohl, Kohlsprossen, Kraut, Kürbis, Lauch, Pastinaken, Rote Rüben, Sellerie, Topinambur, Vogerlsalat, Zwiebeln	Äpfel, Birnen
Februar	Chinakohl, Karotten, Kartoffeln, Knoblauch, Kohl, Kohlsprossen, Kraut, Kürbis, Lauch, Pastinaken, Rote Rüben, Rucola, Sellerie, Topinambur, Zwiebeln	Äpfel, Birnen
März	Karotten, Kartoffeln, Knoblauch, Kürbis, Lauch, Pastinaken, Rote Rüben, Rucola, Sellerie, Topinambur, Zwiebeln	Äpfel, Birnen
April	Karotten, Kartoffeln, Knoblauch, Lauch, Pastinaken, Radieschen, Rote Rüben, Rucola, Sellerie, Spargel, Spinat, Zwiebeln	Äpfel, Rhabarber
Mai	grüner Salat, Karfiol, Karotten, Kartoffeln, Knoblauch, Kohlrabi, Mangold, Radieschen, Rote Rüben, Rucola, Sellerie, Spargel, Spinat, Zwiebeln	Erdbeeren, Rhabarber
Juni	Bohnen, Brokkoli, Eisbergsalat, Erbsen, Fenchel, Fisolen, grüner Salat, Gurke, Karfiol, Karotten, Kartoffeln, Knoblauch, Kohl, Kohlrabi, Kraut, Lauch, Mangold, Paprika, Radieschen, Rote Rüben, Rucola, Sellerie, Spargel, Spinat, Tomaten, Zucchini, Zwiebeln	Erdbeeren, Himbeeren, Kirschen, Rhabarber, Stachelbeeren

Monat	Gemüse	Obst
Juli	Bohnen, Brokkoli, Eisbergsalat, Endiviensalat, Erbsen, Fenchel, Fisolen, grüner Salat, Gurken, Karfiol, Karotten, Kartoffeln, Knoblauch, Kohl, Kohlrabi, Kraut, Lauch, Mangold, Melanzani, Paprika, Radieschen, Rote Rüben, Rucola, Sellerie, Spinat, Tomaten, Zucchini, Zuckermais, Zwiebeln	Äpfel, Birnen, Brombeeren, Heidelbeeren, Erdbeeren, Himbeeren, Kirschen, Marillen, Pfirsiche, Ribiseln, Stachelbeeren
August	Bohnen, Brokkoli, Chinakohl, Eisbergsalat, Endiviensalat, Erbsen, Fenchen, Fisolen, grüner Salat, Gurken, Karfiol, Karotten, Kartoffeln, Knoblauch, Kohl, Kohlrabi, Kraut, Kürbis, Lauch, Mangold, Melanzani, Paprika, Radieschen, Rettich, Rote Rüben, Rucola, Sellerie, Spinat, Tomaten, Zucchini, Zuckermais, Zwiebeln	Äpfel, Birnen, Brombeeren, Heidelbeeren, Erdbeeren, Himbeeren, Marillen, Pfirsiche, Ribiseln, Stachelbeeren, Zwetschken
September	Brokkoli, Chinakohl, Eisbergsalat, Endiviensalat, Fenchel, Fisolen, grüner Salat, Karfiol, Karotten, Kartoffeln, Knoblauch, Kohl, Kohlrabi, Kohlsprossen, Kraut, Kürbis, Lauch, Mangold, Melanzani, Paprika, Pastinaken, Radicchio, Radieschen, Rettich, Rote Rüben, Rucola, Sellerie, Spinat, Vogerlsalat, Zuckermais, Zwiebeln	Äpfel, Birnen, Brombeeren, Heidelbeeren, Himbeeren, Pfirsiche, Preiselbeeren, Weintrauben, Zwetschken
Oktober	Brokkoli, Chinakohl, Eisbergsalat, Endivien, Fenchel, grüner Salat, Karfiol, Karotten, Kartoffeln, Knoblauch, Kohl, Kohlrabi, Kohlsprossen, Kraut, Kürbis, Lauch, Mangold, Melanzani, Paprika, Pastinaken, Radicchio, Radieschen, Rettich, Rote Rüben, Rucola, Schwarzwurzeln, Sellerie, Spinat, Tomaten, Topinambur, Vogerlsalat, Zucchini, Zwiebeln	Äpfel, Birnen, Brombeeren, Himbeeren, Quitten, Weintrauben
November	Chinakohl, Eisbergsalat, Endiviensalat, Karfiol, Karotten, Kartoffeln, Knoblauch, Kohl, Kohlsprossen, Kraut, Kürbis, Lauch, Mangold, Pastinaken, Rote Rüben, Rucola, Schwarzwurzel, Sellerie, Spinat, Topinambur, Vogerlsalat, Zwiebeln	Äpfel, Birnen
Dezember	Chinakohl, Endivien, Karotten, Kartoffeln, Knoblauch, Kohl, Kohlsprossen, Kraut, Kürbis, Lauch, Pastinaken, Rote Rüben, Schwarzwurzel, Sellerie, Topinambur, Vogerlsalat, Zwiebeln	Äpfel, Birnen

Mein Gewürzregal

Zimtstange
Stark aromatisch mit warmem, süßem Aroma; für Desserts geeignet, wird aber auch für arabische Hauptspeisen verwendet. In Stangen und Pulverform erhältlich.

Muskatnuss
Gibt es ganz, gemahlen und als Muskatblüte (Macis). Beide haben ein intensives, eigenwilliges Aroma und einen warmen, süßen Duft. Gemahlene Macis würzt Suppen und Saucen. Am besten frisch reiben!

Kümmel
Ein klassisches europäisches Gewürz mit warmem, leicht bitterem Aroma. Ich verwende es kaum noch in meiner Küche. Ist hier nur zum Vergleich mit Kreuzkümmel abgebildet.

Kreuzkümmel
Ein intensives Gewürz aus der arabischen und indischen Küche. Durch trockenes Rösten wird das Aroma intensiviert. Es hat einen würzig süßen Duft und einen leicht bitteren, scharfen Geschmack. Kreuzkümmel gibt es auch gemahlen, aber am besten selber frisch mörsern.

Koriandersamen
Die kugeligen, hellbraunen Samen haben ein holz-nussiges, würziges Aroma mit süßlichem Geschmack. Am besten trocken rösten, um den Geschmack zu verstärken, und dann mörsern.

Fenchelsamen
Ihr süßliches, anisartiges Aroma passt hervorragend zu Gemüse- und Fleischspeisen sowie Brot. Trocken geröstet verstärkt sich das Aroma; kann auch gemörsert werden.

Kardamom
Gibt es ganz oder gemahlen und hat ein charakteristisches Aroma mit einem süßlich-harzigen Geschmack. Am besten im Ganzen kaufen und den schwarzen Samen in den Kapseln mörsern.

Ingwer
Frisch oder getrocknet besitzt es einen zitronig, scharfen Geschmack. Am besten frische Wurzeln kaufen, mit einem Kaffeelöffel oder Sparschäler schälen und fein reiben.

Wasabi
Scharf wie Kren und frisch im Geschmack. Stammt aus Japan und wurde bei uns durch die Sushi-Küche bekannt. Am besten nur in kleinen Dosen verwenden.

Rosa Pfeffer
Die rosa Beeren gehören nicht zur Pfefferfamilie, sondern haben einen fruchtigen und leicht wacholderartigen Geschmack. Passt gut zur mediterranen Küche.

Getrocknete Chilischoten
Getrocknet sind die Schoten oft schärfer als frische. Es ist immer gut, getrocknete zu Hause zu haben!

Getrocknete Minze
Es gibt viele verschiedene Sorten von Minze. Getrocknet ist sie sehr intensiv und erfrischend. Sie wird häufig in der arabischen Küche verwendet.

Schwarze Senfkörner
Schwarze Senfkörner werden vor allem in der indischen Küche für Currys verwendet. Etwas angebraten schmecken sie sehr nussig. In Europa gibt es häufiger weiße Senfkörner zu kaufen, die aber ähnlich schmecken.

Safran
Das edelste und teuerste Gewürz. Es verleiht den Speisen einen einzigartigen, zartherben Geschmack. Am besten immer ganze Fäden kaufen!

Paprikapulver
Das Pulver wird aus gemahlenen Gewürzpaprikaschoten gewonnen und kann ein süßes bis scharfes Aroma haben.

Tahina
Eine Sesampaste, die einen besonders nussigen und intensiven Geschmack hat. Zitrone balanciert Tahina sehr gut. Wird in der arabischen Küche sehr viel für Aufstriche (z. B. Hummus) verwendet.

Schwarzer Pfeffer
Im Ganzen ist Pfeffer lange haltbar, in gemahlenem Zustand verliert er schnell an Geschmack. Daher immer frisch gemahlenen Pfeffer aus der Mühle verwenden.

Vanille
Sie hat einen parfumartigen Duft, im Geschmack ist sie süß, aromatisch und weich. Ich verwende meistens Schoten, da das frische Mark einen wesentlich besseren Geschmack ergibt als fertig gekaufter Vanillezucker. Selbstgemachter Vanillezucker ist ganz einfach selbst herzustellen: Vanilleschote der Länge nach aufschneiden und mit Kristallzucker in einem verschließbaren Glas aufbewahren. Von Zeit zu Zeit durchschütteln.

Küchenausstattung

Ich bin leidenschaftliche Besucherin von Küchenausstattungsgeschäften, bin aber zum Glück in meiner Wohnung platzmäßig beschränkt und kann nur wenig einkaufen. In meiner kleinen Küche muss jeder Platz effizient genutzt werden, daher gibt es auch nur wenig freie Fläche für Schnickschnack. Um meine Rezepte nachkochen zu können, brauchen Sie in Wirklichkeit auch nur zwei Handvoll Küchenutensilien. Besonders wichtig sind scharfe Messer, die das Arbeiten erleichtern! Abgesehen davon können Sie meistens auch improvisieren, wenn Sie das notwendige Gerät nicht zu Hause haben.

Eine Eieruhr entstresst! Wenn mehrere Gänge gleichzeitig gekocht werden, dann stellen Sie am besten eine Eieruhr und beginnen gelassen mit dem nächsten Arbeitsschritt. **Tipp:** Immer 5 bis 10 kürzer einstellen als angegeben, um den Backfortschritt zu überprüfen.

Die **Muskatnussreibe** habe ich kurz bevor dieses Foto entstand noch benützt. Auf jeden Fall notwendig für Köche, die Muskatnuss mögen.

Meine **Zitruspresse** habe ich aus Mexiko mitgebracht, aber man kann natürlich auch nur Gabel und Finger dafür verwenden.

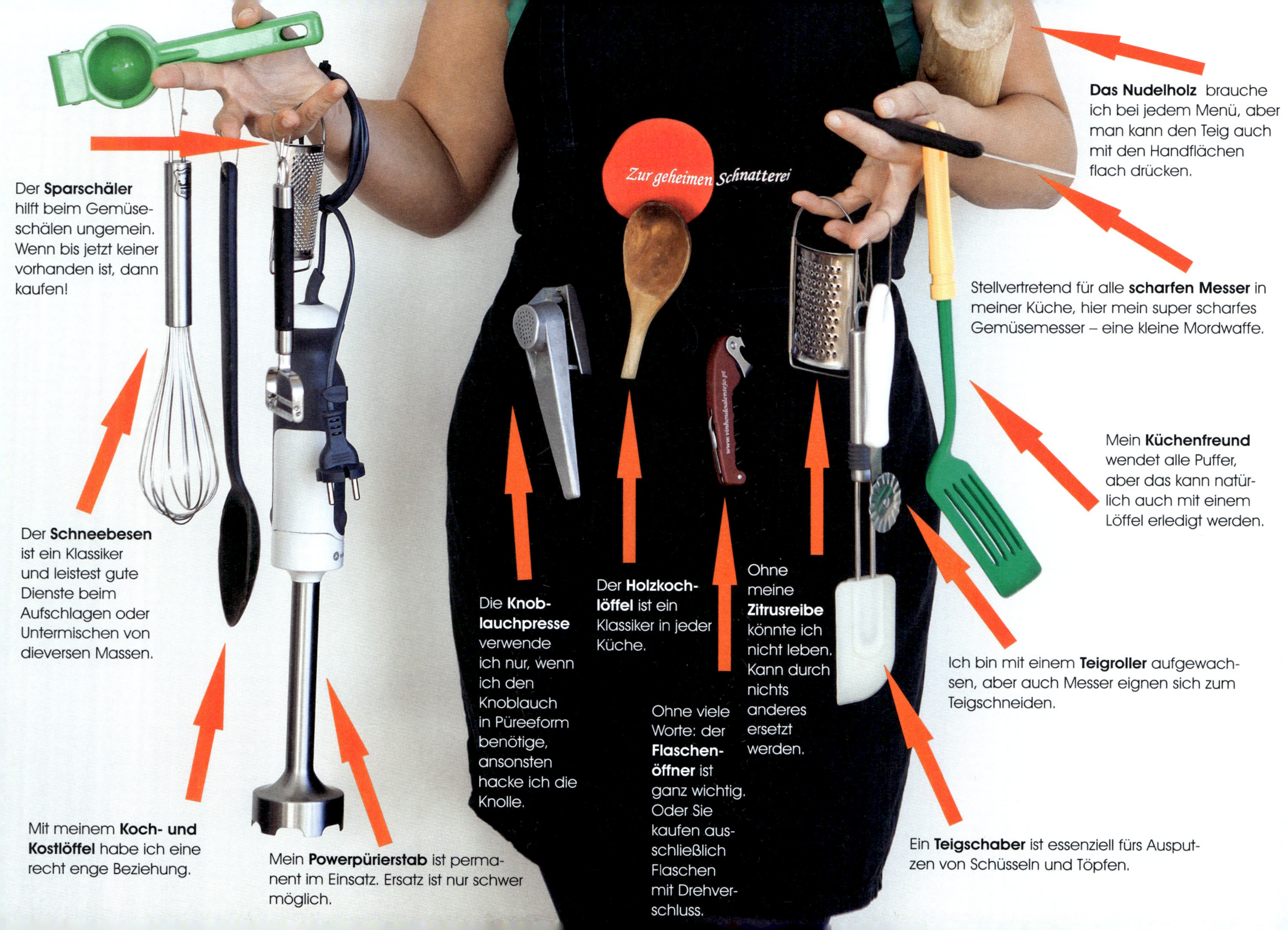

Der **Sparschäler** hilft beim Gemüseschälen ungemein. Wenn bis jetzt keiner vorhanden ist, dann kaufen!

Der **Schneebesen** ist ein Klassiker und leistest gute Dienste beim Aufschlagen oder Untermischen von dieversen Massen.

Mit meinem **Koch- und Kostlöffel** habe ich eine recht enge Beziehung.

Mein **Powerpürierstab** ist permanent im Einsatz. Ersatz ist nur schwer möglich.

Die **Knoblauchpresse** verwende ich nur, wenn ich den Knoblauch in Püreeform benötige, ansonsten hacke ich die Knolle.

Der **Holzkochlöffel** ist ein Klassiker in jeder Küche.

Ohne viele Worte: der **Flaschenöffner** ist ganz wichtig. Oder Sie kaufen ausschließlich Flaschen mit Drehverschluss.

Ohne meine **Zitrusreibe** könnte ich nicht leben. Kann durch nichts anderes ersetzt werden.

Das Nudelholz brauche ich bei jedem Menü, aber man kann den Teig auch mit den Handflächen flach drücken.

Stellvertretend für alle **scharfen Messer** in meiner Küche, hier mein super scharfes Gemüsemesser – eine kleine Mordwaffe.

Mein **Küchenfreund** wendet alle Puffer, aber das kann natürlich auch mit einem Löffel erledigt werden.

Ich bin mit einem **Teigroller** aufgewachsen, aber auch Messer eignen sich zum Teigschneiden.

Ein **Teigschaber** ist essenziell fürs Ausputzen von Schüsseln und Töpfen.

Menü
Januar
Karotten-Kichererbsen-Dip
und knusprige Brotstangen
Feine Selleriesuppe
mit Apfelrelish
Florentiner Schweinebraten
mit Polentataler
Geschmolzener
Maroni-Schokolade-Traum
Zur geheimen Schnatterei

„das konzept der ‚geheimen schnatterei‘ ist einfach genial und genial einfach: gutes essen, feine weine und neue bekanntschaften. man lernt menschen kennen, mit denen man etwas gemeinsam hat: den hang zum genuss und ein wenig abenteuerlust. und für jene, die nicht kochen können, eröffnen sich neue möglichkeiten: gastgeber sein, ohne den kochlöffel zu schwingen.“

Zu Gast bei

Alexander und Christina
Linz

Karotten-Kichererbsen-Dip und knusprige Brotstangen

Ich bin wirklich ein ganz großer Fan von Kichererbsen in jeglicher Zubereitungsart. Als Dip mit Sesampaste bekommt der Aperitif einen herrlich nussigen Geschmack. Die Brotstangen eigenen sich super zum Dippen und sind jedes Mal ein Renner. In Wirklichkeit sind sie eine Art Grissini, da ich sie sehr resch und dünn backe. Beim letzten Mal sind die Kinder trotz Cayennepfeffer darüber hergefallen und haben alles andere dafür stehen lassen.

WEINEMPFEHLUNG: Ein knackiger frischer Grüner Veltliner oder Welschriesling mit lebendiger Säure, zum Beispiel aus dem Weinviertel, wird hier einen schönen Start ins Menü abgeben.

ARBEITSZEIT: 45–60 Minuten
SCHWIERIGKEITSGRAD: einfach
FÜR 4–6 PORTIONEN

ZUTATEN FÜR DEN DIP
3 Karotten
1 Bio-Zitrone
1 Knoblauchzehe
½ Bund Petersilie
100 g getrocknete oder
250–300 g gekochte Kichererbsen
2–3 EL Tahina (Sesampaste)
1–2 TL Kreuzkümmel
Salz, frisch gemahlener Pfeffer
Olivenöl

ZUBEREITUNG
1. Getrocknete Kichererbsen in ca. der 5-fachen Wassermenge über Nacht einweichen. Am nächsten Tag gut durchspülen, mit 1 l Wasser zum Kochen bringen und bei kleiner Flamme für eine Stunde köcheln lassen.
2. Kreuzkümmel ohne Zugabe von Fett rösten und anschließend mörsern. Karotten schälen und in ungefähr 1 cm dicke Scheiben schneiden. In einer Pfanne 2 EL Olivenöl erhitzen und die Karotten darin weich braten.
3. Knoblauch schälen, Zitronenschale abreiben, Saft auspressen und Petersilie hacken. Weich gekochte Kichererbsen, Karotten, Knoblauch, 2 EL Petersilie, Tahina, 2 EL Zitronensaft, 2 EL Olivenöl und 3 EL Wasser mischen und pürieren. Sollte der Dip zu dick sein, etwas Wasser und Öl dazugeben, bis er schön sämig ist.
4. Mit Kreuzkümmel, Zitronenschale, Salz und Pfeffer abschmecken und mit restlicher Petersilie bestreuen.
5. Vor dem Servieren nochmals nachwürzen.

ZUTATEN FÜR DIE BROTSTANGEN
100 g Bergkäse
1 Eiklar
½ Bund Petersilie
250 g glattes Weizenmehl
1 TL Trockengerm
Salz
Olivenöl

ZUBEREITUNG
1. Mehl mit Germ und Salz gut verrühren. Olivenöl dazugeben und langsam 165 ml lauwarmes Wasser mit einem Mixer oder Kochlöffel unterrühren. Den Teig auf der Arbeitsfläche gut durchkneten, bis er sich von der Arbeitsfläche löst. Wenn er zu weich ist, noch Mehl dazugeben. Teig mit Mehl bestauben, mit einem Geschirrtuch zudecken und bei Raumtemperatur für etwa eine Stunde gehen lassen.
2. Backofen auf 200 °C vorheizen. Ein Backblech mit Backpapier auslegen.
3. Käse reiben und Petersilie hacken. Teig zu einem etwa 3 mm dünnen Rechteck ausrollen und eine Hälfte des Teiges mit Eiklar bestreichen. Mit Käse, Salz und Petersilie bestreuen. Teig einmal zusammenklappen und nochmals dünn ausrollen. Mit einem Messer ½ bis 1 cm breite Streifen schneiden. Jeweils ein Streifenende in jede Hand nehmen, mehrmals in die entgegengesetzte Richtung eindrehen und auf das vorbereitete Backblech legen.
4. Brotstreifen im Backofen ungefähr 15 Minuten backen. Am besten innerhalb von wenigen Stunden servieren.

TIPP
Lust auf Schärfe? Dann verwenden Sie Cayennepfeffer oder Chilipulver.

chill
two tablespoons

Selleriesuppe mit Apfelrelish

Ich persönlich liebe Sellerie, weiß aber, dass er polarisiert und viele den Geschmack gar nicht mögen. Genau diese Antifans sollten aber diese Suppe probieren, weil der Apfel die Suppe herrlich leicht und fruchtig macht. Eine tolle und vielleicht auch etwas ungewöhnliche Wintersuppe, die ganz hervorragend schmeckt. Falls Brotstangen vom Aperitif übrig geblieben sind, können diese einfach mit der Suppe serviert werden.

WEINEMPFEHLUNG: Ein mittelkräftiger Welschriesling oder ein mineralischer Riesling, etwa aus dem Kremstal, ist hier ein spannender Partner, der über genügend Säure verfügt, um diese Suppe zu balancieren.

ARBEITSZEIT: 40–50 Minuten
SCHWIERIGKEITSGRAD: einfach
FÜR 4 PORTIONEN

ZUTATEN FÜR DIE SUPPE

50–100 g Schlagobers
1 Sellerieknolle (ca. 600 g)
2 Karotten
1 säuerlicher Apfel (z. B. Elstar)
2 Zwiebeln
½ Bio-Zitrone
2 Lorbeerblätter
10 Pfefferkörner
1 TL Fenchelsamen
1 kleine Macisblüte
Salz, frisch gemahlener Pfeffer
Olivenöl

ZUTATEN FÜR DAS RELISH

15 g Butter
1 säuerlicher Apfel (z. B. Elstar)
½ Bio-Zitrone
1 TL Kristallzucker
frisch gemahlener Pfeffer

ZUBEREITUNG

1. Als Basis wird eine klare Gemüsesuppe verwendet, die gut im Voraus vorbereitet werden kann. **Für die Gemüsesuppe** einen Topf mit 2 EL Öl erhitzen. Eine ungeschälte Zwiebel der Breite nach halbieren und mit der Schnittfläche nach unten im Öl anbraten, bis die Schnittfläche der Zwiebel dunkelbraun ist.
2. Sellerieknolle und Karotten schälen und in grobe Stücke schneiden. Die Hälfte des Selleries und die Karotten zu der Zwiebel geben. Das Ganze mit etwa 1,2 l Wasser aufgießen, 1 bis 2 TL Salz, Pfefferkörner und Lorbeerblätter dazugeben. Suppe einmal aufkochen und dann ca. 40 Minuten köcheln lassen.
3. **Für die Selleriesuppe** den Apfel schälen und in grobe Stücke schneiden. Zweite Zwiebel schälen und fein schneiden. In einer Pfanne 1 EL Öl erhitzen und Zwiebel bei kleiner Temperatur glasig anschwitzen. Restliche Sellerie- sowie die Apfelstücke dazugeben und kurz mitbraten. Mit 500 bis 600 ml klarer Gemüsesuppe aufgießen und ca. 20 Minuten köcheln lassen, bis das Gemüse weich ist.
4. In einer Pfanne Fenchel ohne Zugabe von Fett rösten und fein mörsern. Macisblüte ebenfalls fein mörsern. Zitronenschale abreiben und Saft auspressen.
5. **Für das Relish** den Apfel waschen, vierteln, Kerngehäuse entfernen und in dünne Scheiben schneiden. In einer Pfanne Butter erwärmen und die Apfelscheiben mit Kristallzucker und der Hälfte des Zitronensaftes anbraten, bis sie weich sind. Mit Pfeffer und der Hälfte der Zitronenschale würzen.
6. Suppe pürieren und mit restlichem Zitronensaft, Macisblüte, Fenchel, Salz und Pfeffer abschmecken. Vor dem Servieren die Suppe aufkochen, mit Schlagobers verfeinern und mit Apfelrelish garnieren.

TIPPS

Man kann die Suppe noch feiner machen, in dem man vor dem Servieren 1 bis 2 EL Butter unterrührt.

Ich hatte frisches Bohnenkraut zu Hause und habe das noch zum Würzen der Suppe verwendet.

Falls Sie keine Macisblüte bekommen, können Sie auch etwas frisch geriebene Muskatnuss verwenden. Frischer Thymian macht sich auch gut mit Sellerie und Apfel.

Kochen Sie auch die Hauptspeise? Dann kann die klare Gemüsesuppe auf einmal in doppelter Menge (ca. 2 ½ bis 3 l) zubereitet werden.

Florentiner Schweinebraten mit Polentataler

Schweinefleisch hat in den letzten Jahren einen starken Reputationsverlust aufgrund der Massentierhaltung hinnehmen müssen. Die Qualität ist stark zurückgegangen, und die Umstände der Massentierhaltung sind katastrophal.

Für diesen Schweinebraten habe ich mit Christian Hintersteininger, dem Fleischhauer meines Vertrauens, einen seiner Weideschweinlieferanten in St. Marienkirchen besucht. Es war schön und beruhigend zu sehen, wie gut es den Schweinen auf Gerolds Heide geht. Die Schweine waren zutraulich, sauber und gut gelaunt, und ich nahm keine unangenehmen Gerüche wahr, die man sonst von Schweineställen kennt. Ich kann daher nur dazu raten, unbedingt Fleisch vom Weideschwein, das heißt Bio-Fleisch zu verwenden. Der Unterschied ist deutlich schmeckbar! Daher Finger weg von billigem Schweinefleisch aus dem Supermarkt.

Die italienische Interpretation des Schweinebratens mit Rosmarin, Salbei und Fenchel schmeckt mir persönlich besser als der österreichische Klassiker. Kalt und dünn aufgeschnitten ist er ebenfalls eine Wucht!

WEINEMPFEHLUNG: Schweinebraten ist ein klarer Fall für einen kräftigeren, klassisch ausgebauten Zweigelt. Die feinen Kirschen- und Zwetschkennoten werden wunderbar mit dem Fleisch harmonieren und ein Pendant zur Polenta bilden.

ARBEITSZEIT: 40–50 Minuten
SCHWIERIGKEITSGRAD: einfach
FÜR 4 PORTIONEN

ZUTATEN FÜR DEN SCHWEINEBRATEN
1 kg Bio-Schweinehals oder Bio-Karree ohne Schwarte
3 Knoblauchzehen
5 Zweige frischer Rosmarin
10 Salbeiblätter oder 1 TL getrockneter Salbei
2 TL Fenchelsamen
Salz, frisch gemahlener Pfeffer
Olivenöl
Zwirn oder Garn

ZUTATEN FÜR DIE POLENTATALER
30 g Butter
30 g geriebener Parmesan
1 TL frischer oder ½ TL getrockneter Thymian
160 g Maisgrieß
Salz, frisch gemahlener Pfeffer

ZUTATEN FÜR DIE KLARE GEMÜSESUPPE
1 Zwiebel
½ Sellerieknolle
2 Karotten
2 Lorbeerblätter
10 Pfefferkörner
Salz

ZUBEREITUNG
1. **Für den Schweinebraten** Nadeln von 3 Rosmarinzweigen sowie Salbeiblätter fein hacken, zusammen mit Knoblauch und Fenchelsamen fein mörsern. Salz und Pfeffer dazumischen.
2. Mit einem spitzen Messer 4 bis 6 Löcher in das Fleisch schneiden und die Gewürzmischung hineinstopfen.
3. Die restlichen Rosmarinzweige auf das Fleisch legen und mit Garn oder Zwirn zu einem Rollbraten schnüren. Wenn möglich, Braten ein paar Stunden (bis zu 4) ruhen lassen, damit sich die Aromen im Fleisch verteilen können.
4. **Für die Polenta** kann man eine frische Gemüsesuppe zubereiten oder Wasser verwenden. Geschmackvoller wird die Polenta allerdings mit der Suppe.
5. **Für die klare Gemüsesuppe** in einem Topf 1 EL Öl erhitzen, eine ungeschälte Zwiebel der Breite nach halbieren und mit der Schnittfläche nach unten anbraten und braun rösten. Wenn die Zwiebel dunkelbraun ist, geschälte Sellerie- und Karottenstücke dazugeben und kurz mitrösten. Mit 1 ½ l Wasser aufgießen und Lorbeerblätter, 1 TL Salz und Pfefferkörner zufügen. Suppe aufkochen lassen und dann für ca. 40 Minuten köcheln lassen.
6. Backofen auf 200 °C vorheizen.
7. Braten gut salzen und pfeffern. In einer Pfanne mit 2 EL Olivenöl kurz scharf anbraten. In eine Auflauf- oder Bratenform geben, mit 200 ml Suppe aufgießen und ungefähr 30 Minuten braten. Dann die Temperatur auf 180 °C reduzieren und weitere 30 bis 40 Minuten braten. Braten immer wieder mit Suppe oder Wasser übergießen, damit eine Sauce entstehen kann.
8. In einem Topf 500 ml Suppe aufkochen, Maisgrieß einrieseln lassen und umrühren. Abgezupften Thymian untermischen. Unter ständigem Rühren 15 bis 20 Minuten bei geringer Temperatur köcheln lassen, bis die Polenta gequollen ist.
9. Vom Herd nehmen und 20 g Butter und Parmesan unterrühren.
10. Polenta 1 bis 2 cm dick auf ein mit Wasser befeuchtetes Backblech aufstreichen und auskühlen lassen.
11. Wenn die Polenta ausgekühlt ist, dann entweder mit einem Messer in Dreiecke schneiden oder mit einer Tasse oder Ausstechform Kreise ausstechen und in einer Pfanne mit 1 EL Butter auf beiden Seiten braten.
12. Teller im Backofen kurz vorwärmen.
13. Schweinebraten in Scheiben schneiden und mit den noch warmen Polentatalern sowie der Sauce servieren.

TIPPS
Lust auf Kartoffeln? Auch Ofenkartoffeln mit Rosmarin passen herrlich zum Braten. Dafür 6 bis 8 Kartoffeln schälen und vierteln. Mit frischen Rosmarinnadeln von 2 Zweigen, Salz, frisch gemahlenem Pfeffer und 2 EL Olivenöl vermischen und auf einem Blech gleichzeitig mit dem Schweinebraten bei 180 °C ca. 30 Minuten braten, bis sie weich sind.

Lust auf Gemüse? Als Beilage kann auch gegrilltes Gemüse serviert werden. Dazu Gemüse wie 150 g Kürbis, 3 Kartoffeln, 2 Karotten, 1 Knoblauchzehe und 1 Zwiebel schälen, in dünne Scheiben schneiden (ca. 5 mm) und in einer Schüssel mit 2 EL Olivenöl, Salz, frisch gemahlenem Pfeffer und frischen Rosmarinnadeln vermischen und im Backofen gleichzeitig mit dem Schweinebraten bei 180 °C 20 bis 30 Minuten braten.

Lust auf Salat? Weißkraut fein schneiden und mit Honig, Zitronensaft, Salz und Olivenöl marinieren. Auch geröstete Senfkörner und frisch gehackte Petersilie schmecken herrlich dazu.

Geschmolzener Maroni-Schokolade-Traum

Als ich zum ersten Mal eine Maronitorte gebacken habe – back in the 80ies –, habe ich das Maronipüree selbst hergestellt, was ziemlich aufwendig war. Mittlerweile gibt es das Püree das ganze Jahr über fertig zu kaufen, und ich finde den Geschmack wirklich einzigartig. Gemeinsam mit Schokolade wahrhaftig ein Traum und mit Schlagobers serviert kaum mehr fassbar. Love is in the air ... Ihre Gäste werden Sie dafür lieben!

WEINEMPFEHLUNG: Eine Zweigeltauslese oder -beerenauslese könnte ein ganz wunderbarer Begleiter zum Schokoladetraum sein.

ARBEITSZEIT: 20–30 Minuten
SCHWIERIGKEITSGRAD: einfach
FÜR 4 PORTIONEN

ZUTATEN
250 g Schlagobers
60 g Butter
2 Eier
250 g Maronicreme oder -püree mit Vanille
80 g Schokolade (mindestens 60 % Kakaoanteil)
1 EL Maisstärke
1 Vanilleschote
2 EL Kristallzucker

ZUBEREITUNG

1. Schokolade mit 50 g Butter im Wasserbad schmelzen. Dafür einen kleinen Topf in einen großen Topf stellen, der mit 35 bis 40 °C warmem Wasser gefüllt ist.
2. Backofen auf 150° vorheizen.
3. Vanilleschote der Länge nach aufschneiden und das Mark herausschaben. Maronipüree mit der Hälfte des Vanillemarks vermischen.
4. Eier mit 1 EL Kristallzucker für mindestens 5 Minuten schaumig schlagen.
5. Zuerst das Maronipüree unter die geschmolzene Schokolade rühren, dann die Maisstärke und Eier-Zucker-Mischung.
6. 4 kleine Formen (Inhalt 200 ml) mit Butter ausfetten und und mit Mehl bestreuen. Schokolademasse einfüllen und im Backofen für 20 Minuten backen.
7. Schlagobers mit 1 EL Zucker und restlichem Vanillemark steif schlagen. Lauwarme Kuchen aus der Form stürzen (vorher die Formen am Rand mit einem Messer einschneiden) oder in der Form mit Schlagobers servieren.

TIPPS

In Alkohol eingelegte Maroni passen hervorragend dazu. Einfach in Scheiben schneiden und mit Schlagobers und Kuchen servieren.

Wenn ungezuckertes Maronipüree verwendet wird, dann zusätzlich 30 g Kristallzucker dazumischen.

Lust auf Frucht? Wer mag, kann frische Himbeeren zum Dessert servieren. Im Winter kann man auch tiefgekühlte Beeren mit 2 EL Wasser in einem kleinen Topf erwärmen.

„uns hat das gesamte menü sehr geschmeckt, aber wir hatten zwei highlights: die suppe und die nachspeise. macisblüte war zwar schwer zu kriegen, ist aber meine neue entdeckung. der geschmack ist herrlich und unverzichtbar. es hat total spaß gemacht, das ganze menü zu kochen."

doris, wien

„es ist gut, wenn von der vorspeise etwas übrig bleibt, weil die passt so perfekt zum wein auch nach dem ganzen essen. und ein bisserl geht immer noch. das schwein war ein hit, super kruste! saftig, sogar das wenige fett im fleisch – ein genuss!"

sandra, wien

„schnattern macht freu(n)de: man geht zu fremden und verabschiedet sich von freunden. und in den stunden dazwischen hat man viel gelacht, mit ganz unterschiedlichen menschen interessant geplaudert und köstlich gegessen. was will man von nur EINEM abend mehr erwarten?"

yvonne, linz

„der schweinebraten war hervorragend! die gewürze haben ihm so ein gutes aroma verliehen, und es hat allen meinen gästen wirklich ausgesprochen gut geschmeckt. auch der aperitif und die suppe waren super erfrischend und sind gut angekommen."

maria, wien

„schwierig bei den brotstangen mit dem dip aufzuhören und sich den hunger für die nächsten gänge aufzuheben. alle gänge waren harmonisch, und der braten mit dem weideschwein einfach ein hit!"

beatrix, tragwein

„dank des ablaufplanes ist es uns erstmals gelungen, dass wir tatsächlich 15 minuten bevor die gäste gekommen sind, komplett mit den vorbereitungen fertig waren. uns ist es bei der suppe tatsächlich so gegangen wie beschrieben: wir sind keine selleriefreunde, das endergebnis ist wirklich toll geworden, ich war ganz begeistert von farbe und konsistenz. die kombi von suppe und relish hat uns allen voll geschmeckt – ein highlight des menüs!"

roland und steffen, wien

„beim maroni-schokolade-traum läuft mir das wasser gleich wieder im mund zusammen, wenn ich nur dran denke. da gibt's keine steigerungsstufe."

birgit, graz

er kichererbsendip war hervorragend gewürzt, und die brotstangen hnell gemacht und besonders pikant – große ahs und ohs. die ope mit dem relish war eine überraschende geschmacksexplosi-, die den aufwand gelohnt hat. der florentiner braten ist eine super ernative zum klassischen schweinsbraten."

kathi, kerstin & julia, wilhering

Ablaufplanung

BIS 1 TAG VORHER

1. Klare Gemüsesuppe vorbereiten
2. Brotstangen vorbereiten, wenn am nächsten Tag dafür keine Zeit ist – besser schmecken sie aber frisch!
3. Karotten-Kichererbsen-Dip zubereiten

AM Tag SELBST

1. Schweinebraten mit Kräutern spicken und kühl stellen
2. Suppe und Relish zubereiten, **Achtung:** Schlagobers erst vor dem Servieren einrühren
3. Brotstangen bei 200 °C 3 Minuten aufbacken
4. Polentataler zubereiten **Achtung:** Erst in Butter anbraten, wenn die Gäste bereits am Tisch sitzen und auf die Hauptspeise warten.
5. Schweinefleisch braten **Achtung:** Nicht überbraten, sonst wird er zu trocken! **Wichtig:** Keine allzu mageren Fleischteile kaufen!

30 MINUTEN BEVOR DIE GÄSTE DA SIND

1. Nachspeise vorbereiten
2. Schlagobers mit 1 EL Kristallzucker und der Hälfte des Vanillemarks steif schlagen und kühl stellen.
3. Dip für den Aperitif nochmals abschmecken und würzen.

WENN DIE Gäste DA SIND

1. Dip mit Brotstangen servieren
2. Suppe nochmals aufwärmen, aber nicht kochen, Schlagobers einrühren und abschmecken; auf die Teller verteilen und mit Apfelrelish garnieren.
3. Braten aus dem Ofen nehmen und Temperatur auf 150 °C reduzieren Hauptspeisenteller kurz (5 bis 10 Minuten) im Backofen vorwärmen.
4. 1 EL Butter in einer Pfanne erhitzen und Polentataler darin anbraten.
5. Schweinebraten in Scheiben schneiden und gemeinsam mit Polenta und Bratensaft servieren.
6. Nachspeise in den Backofen schieben und für 20 Minuten backen; am besten eine Zeituhr stellen.
7. Formen der Nachspeise am Rand mit einem Messer einschneiden und auf einen Teller stürzen und mit Schlagobers servieren. Oder die Nachspeise einfach in der Form lassen und das Schlagobers extra servieren. Mahlzeit!

Einkaufsliste

Obst & Gemüse

1 ½	Sellerieknollen
7	Karotten
2	Bio-Zitronen
4	Knoblauchzehen
3	Zwiebeln
2	säuerliche Äpfel (z. B. Elstar)

Kräuter

10	frische oder 1 TL getrocknete Salbeiblätter
5 Zweige	Rosmarin
1 Bund	Petersilie
1 TL	frischer oder ½ TL getrockneter Thymian

Gewürze

1	Macisblüte
3 TL	Fenchelsamen
2 TL	Kreuzkümmel
4	Lorbeerblätter
20	Pfefferkörner
1	Vanilleschote
	Salz
	frisch gemahlener Pfeffer
	Olivenöl

Frischeprodukte

3	Eier
100 g	Bergkäse
350 g	Schlagobers
105 g	Butter
30 g	geriebener Parmesan

Fisch & Fleisch

1 kg	Bio-Schweinehals oder Karree ohne Schwarte (nicht zu mager)

Trockenzutaten

100 g	getrocknete oder 250–300 g gekochte Kichererbsen
35 g	Kristallzucker
3 EL	Tahina (Sesampaste)
250 g	glattes Weizenmehl
1 TL	Trockengerm
160 g	Polenta
250 g	Maronicreme oder -püree mit Vanille
80 g	Schokolade (60 %)
1 EL	Maisstärke
	Zwirn oder Garn für den Schweinebraten

HARTL'S

Menü
Februar
Minikräutermuffins
mit Schafkäse
Topinambur-Kürbis-Suppe
Würzige Hühnerfleischtajine
auf Couscous
Vanillecreme mit
Labneh und Kardamomdatteln
Zur geheimen Schnatterei

„wir freuen uns immer wieder, unsere türen zu öffnen und gäste bei uns zu bewirten. es ist schön, ein paar Stunden mit alten und neuen bekannten zu verbringen und sich bei gutem Essen in angeregte gespräche zu vertiefen. beim reden kommen die leute zusammen, beim essen ebenso! beides gemeinsam ist daher überhaupt perfekt. mit bianca als köchin kann ein abend nie schief gehen!"

Zu Gast bei

Anna und Thibaut
im 2., Wien

Minikräutermuffins mit Schafkäse

Üblicherweise werden Muffins ja meist süß zubereitet, aber in diesem Rezept habe ich kleine Muffins mit Schafkäse und Kräutern kombiniert. Das kommt sehr gut an, und es besteht eher die Gefahr, dass man schon beim Aperitif zu viel isst. Diese Muffins passen auch gut für einen Brunch oder eine Jause.

WEINEMPFEHLUNG: Ein leichter Muskat-Ottonel oder ein Gelber Muskateller, beispielsweise aus dem Burgenland oder der Steiermark, wird hier mit feinen Zitrusaromen und lebendiger Säure der richtige Begleiter sein und auch gleich Appetit auf mehr machen.

ARBEITSZEIT: 30–40 Minuten
SCHWIERIGKEITSGRAD: einfach
FÜR 4–6 PORTIONEN

ZUTATEN
1 Ei
30 g Butter
125 ml Buttermilch
75 g Feta
30 g geriebener Parmesan
½ Bio-Zitrone
1 Knoblauchzehe
½ Bund Petersilie
1 TL getrockneter Thymian
3 in Öl eingelegte, getrocknete Tomaten
100 g glattes Weizenmehl
1 TL Backpulver
¼ TL Natron
1–2 TL Fenchelsamen
Salz, frisch gemahlener Pfeffer

ZUBEREITUNG
1. Backofen auf 180 °C vorheizen.
2. Fenchelsamen ohne Zugabe von Fett in einer Pfanne rösten und mörsern. Petersilie waschen, trocknen und fein hacken. Tomaten abtropfen lassen und auch in feine Streifen schneiden.
3. Feta mit einer Gabel oder den Fingern zerbröseln und mit der Hälfte der Kräuter, den geschnittenen Tomaten und mit etwas Salz sowie Pfeffer abschmecken.
4. Weiche Butter mit Ei schaumig schlagen, Buttermilch, restliche Kräuter, gepresste Knoblauchzehe, Parmesan und Schale von ½ Bio-Zitrone einmal gut durchmischen. Mit Salz, Pfeffer und Fenchelsamen abschmecken.
5. Mehl mit Natron und Backpulver vermischen und rasch unter die Ei-Käse-Mischung rühren.
6. 12 kleine oder 6 normale Muffinformen mit Papierformen auslegen und zur Hälfte mit dem Teig füllen. Frischkäsemischung auf die Formen verteilen und mit restlichem Teig bedecken. Im vorgeheizten Backofen die kleinen Formen 15 bis 20 Minuten und die normalen Formen 20 bis 25 Minuten backen. Bevor sie serviert werden, etwa 15 Minuten abkühlen lassen, damit sich der Käse wieder etwas verfestigt.

TIPPS
Wenn Sie keine Muffinform haben, dann legen Sie kleine Auflaufformen mit Backpapier aus oder fetten Sie diese mit Butter ein und stauben sie mit Mehl aus.

Am besten mehr machen, weil sie wirklich hervorragend schmecken.

Man kann auch andere Kräuter wie z. B. frisches Basilikum verwenden oder auch Mozzarella anstelle von Schafkäse. Eine scharfe Variante ist mit Chili möglich.

Topinambur-Kürbis-Suppe

Topinambur wird bei uns erst seit Kurzem wieder kultiviert und ist der Kartoffel sehr ähnlich. Durch das Backen des Gemüses im Ofen bekommt es einen besonderen Geschmack, und die Zitrone balanciert die latente Süße des Kürbisses. Falls Suppe übrig bleibt, schmeckt sie gekühlt aufbewahrt auch noch ein paar Tage länger gut. Wenn Sie Topinambur nicht bekommen, dann verwenden Sie ersatzweise Kartoffeln oder mehr Kürbis.

WEINEMPFEHLUNG: Ein mittelkräftiger Muskateller oder Sauvignon blanc aus der Steiermark kann hier eine spannende Kombination mit dem Kürbis bilden.

ARBEITSZEIT: 30–40 Minuten
SCHWIERIGKEITSGRAD: einfach
FÜR 4–6 PORTIONEN

ZUTATEN

100 g Schlagobers
2 Karotten
½ Sellerieknolle
2 Zwiebeln
200 g Topinambur
200 g Hokkaidokürbis
2 Knoblauchzehen
½ Bio-Zitrone
2 cm Ingwer
1 TL Kristallzucker
1–2 TL Kreuzkümmel
10 Pfefferkörner
2 Lorbeerblätter
Salz, frisch gemahlener Pfeffer
Olivenöl

ZUBEREITUNG

1. Als Basis wird eine klare Gemüsesuppe verwendet, die gut im Voraus zubereitet werden kann. **Für die Gemüsesuppe** einen Topf mit 2 EL Öl erhitzen. Eine ungeschälte Zwiebel der Breite nach halbieren und mit der Schnittfläche nach unten im Öl anbraten, bis die Schnittfläche der Zwiebel dunkelbraun ist.
2. Sellerie und Karotten schälen, in 2 bis 3 Stücke schneiden und zur Zwiebel geben. Das Ganze mit ca. 1,4 l Wasser aufgießen. 1 TL Salz, Pfefferkörner und Lorbeerblatt zufügen. Suppe einmal aufkochen und dann ca. 40 Minuten köcheln lassen. Abseihen und kalt stellen.
3. Backofen auf 180 °C vorheizen. Kreuzkümmel ohne Zugabe von Fett rösten und fein mörsern.
4. Topinambur und Kürbis gründlich waschen, mit der Schale in grobe Stücke schneiden und in eine Schüssel geben. Knoblauch schälen und dazupressen. Zitronenschale abreiben und mit der Hälfte des Zitronensafts, Zucker, Salz, Pfeffer, der Hälfte des Kreuzkümmels und 2 EL Olivenöl mit dem Gemüse gut vermischen und in eine Auflaufform geben. Im Backofen ca. 40 Minuten backen.
5. Zweite Zwiebel schälen und fein schneiden. In einem Suppentopf 2–3 EL Öl erhitzen und die gehackte Zwiebel bei kleiner Temperatur glasig dünsten. Gebackenes, weiches Gemüse dazugeben und mit 600 ml klarer Gemüsesuppe aufkochen. Ingwer schälen und in die Suppe reiben. Suppe fein pürieren und mit Zitronensaft, Salz und Pfeffer abschmecken. Vor dem Servieren das Schlagobers mit 5 EL Suppe verrühren, in die Suppe einrühren und kurz mitköcheln, aber nicht mehr aufkochen lassen. Suppe auf Teller aufteilen und mit restlichem Kreuzkümmel bestreuen.

TIPP

Scharf auf Schärfe? Auch diese Suppe kann gut etwas Chili vertragen.

Würzige Hühnerfleischtajine auf Couscous

Tajine – ausgesprochen „Taschien" – ist seit meiner Marokkoreise eines meiner Lieblingsgerichte. Wir haben sogar einen marokkanischen Tajinetopf aus Marokko – trotz diverser Einwände beim Check-in – mit nach Österreich transportiert. Ein solcher Tontopf ist jedoch nicht unbedingt notwendig, es reicht auch ein normaler Kochtopf. In marokkanischen Lokalen bekommt man meist den Tajineklassiker (Hühnertajine mit eingelegten Zitronen) serviert. Beim folgenden Rezept habe ich eine würzig-süße Abwandlung der traditionellen Hühnertajine ausprobiert. Wenn Sie keine Schärfe wollen, dann lassen Sie die Chilischoten einfach weg oder nehmen weniger.

WEINEMPFEHLUNG: Hier wird ein gereifter Blaufränkischer aus dem Südburgenland mit feinen mineralischen Noten seine Klasse ausspielen und perfekt harmonieren. Für Weißweinfreunde sollte ein gereifter Riesling hier ebenfalls eine gute Kombination darstellen.

ARBEITSZEIT: 30–40 Minuten
SCHWIERIGKEITSGRAD: einfach
FÜR 4 PORTIONEN

ZUTATEN FÜR DIE TAJINE
600 g Hühnerbrust
1 EL Butter
1 Zwiebel
3 cm Ingwer
1 Knoblauchzehe
22 frische oder 1 TL getrocknete Salbeiblätter
1–2 rote Chilischoten
100 g getrocknete Marillen
1 Dose geschälte Tomaten
2 EL Tomatenmark
1 Zimtstange
2 EL Honig
Salz, frisch gemahlener Pfeffer
Olivenöl

ZUBEREITUNG
1. Marillen grob schneiden und für mindestens 30 Minuten in 200 ml Wasser einweichen.
2. Zwiebel, Knoblauch und Ingwer schälen und sehr fein hacken. Eine Chilischote entkernen und in feine Stücke schneiden. In einem Topf 3 EL Olivenöl erhitzen und Zwiebel, Knoblauch, Ingwer, 10 Salbeiblätter und Chilischote anschwitzen, bis die Zwiebel glasig ist.
3. Hühnerfleisch ohne Haut in ca. 3 cm große Stücke schneiden, mit ¼ TL Salz und mit einer guten Prise Pfeffer würzen und von beiden Seiten braun anbraten.
4. Tomatenmark, Honig und Zimtstange dazugeben und gut durchmischen. Eingeweichte Marillen inklusive Wasser mit den geschälten Tomaten inklusive Tomatensaft dazugießen, sodass alles mit Flüssigkeit bedeckt ist. Einmal aufkochen lassen und dann bei reduzierter Temperatur ca. 35 Minuten köcheln lassen.
5. Mit Salz und Pfeffer abschmecken. Falls es nicht scharf genug ist, kann man die zweite Chilischote entkernt und sehr fein gehackt dazugeben. Butter in einer Pfanne erhitzen und die restlichen Salbeiblätter knusprig braten. Tajine mit Couscous servieren und mit knusprigen Salbeiblättern garnieren.

ZUTATEN FÜR DEN COUSCOUS
20 g Butter
250 g Couscous
Olivenöl

ZUBEREITUNG
1. 320 ml Wasser erhitzen und ca. ¼ TL Salz dazugeben. Couscous in eine Auflaufform geben, mit dem Salzwasser aufgießen und ca. 10 Minuten ziehen lassen.
2. Backofen auf 170 °C vorheizen.
3. 1 EL Olivenöl über das Couscous geben und mit den Fingern den Couscous mit dem Öl einreiben. Die Butter auf den Couscous setzen, mit Alufolie zudecken und im Backofen für 15 Minuten erwärmen. Vor dem Servieren die Körner mit einer Gabel auflockern.

TIPP
Wer eine eingelegte Zitrone zu Hause hat, kann etwas fein geschnittene Schale in die Sauce geben. Eingelegte Zitronen sind typisch für Marokko, aber bei uns nur in marokkanischen oder in Delikatessengeschäften zu finden.

Vanillecreme mit Labneh und Kardamomdatteln

Auch die Nachspeise ist arabisch angehaucht und Labneh ein typisch marokkanischer Frischkäse, der ganz einfach mit Joghurt zubereitet werden kann. Ich verspreche Ihnen, dass Sie diese Kombination von süßer Vanillecreme und säuerlichem Labneh lieben werden. Die Datteln bieten einen süß-bitteren und mit dem Kardamom gleichzeitig exotischen Ausgleich, zudem machen sie sich wahnsinnig gut bei dieser Nachspeise. Sollten Ihre Gäste schon etwas müde sein, dann werden sie spätestens bei dieser Nachspeise wieder zu Energie kommen.

WEINEMPFEHLUNG: Ein Traminer als Auslese oder Beerenauslese sollte mit seinen feinen Rosenblütenaromen und Zitrusnoten ein toller Begleiter zu dieser exotischen Nachspeise abgeben.

ARBEITSZEIT: 40 Minuten
SCHWIERIGKEITSGRAD: einfach
FÜR 4–6 PORTIONEN

ZUTATEN FÜR DEN LABNEH
500 g Joghurt (3,5 % Fett)
¼ TL Salz
½ Bund Minze

ZUBEREITUNG
1. Joghurt mit Salz vermischen und in ein mit einem sauberen Geschirrtuch (ohne Waschmittelduft) ausgelegtes Sieb füllen.
2. Über einen Topf hängen und über Nacht abtropfen lassen. Im Kühlschrank kalt stellen. Ab und zu die abgetropfte Flüssigkeit entfernen.

ZUTATEN FÜR DIE KARDAMOMDATTELN
200 g entkernte, getrocknete Datteln
250 ml starker Kaffee
1 TL Kristallzucker
8 Kardamomkapseln
1 kleine Zimtstange

ZUBEREITUNG
1. Kardamomkapseln leicht zerstoßen, damit die Samen austreten können und gemeinsam mit Kaffee und Zucker erwärmen. Über die Datteln gießen und Zimtstange dazugeben.
2. Im Kühlschrank mindestens über Nacht, besser aber bis zu 2 Tage kühl stellen.

ZUTATEN FÜR DIE VANILLECREME
380 ml Milch
150 g Schlagobers
1 Eidotter
2 Eier
1 Bio-Zitrone
1 Vanilleschote
60 g Kristallzucker
1 TL Maisstärke

ZUBEREITUNG
1. Vanilleschote der Länge nach aufschneiden und das Mark mit einem Messer herausschaben. In eine Schüssel geben und mit Zucker und Maisstärke gut vermischen. **Achtung:** Leere Vanilleschote bitte aufbewahren.
2. Eidotter und Eier in einer Plastikschüssel mit einem Schneebesen gut verrühren und Zucker-Maisstärke-Mischung unter- und gut verrühren. Es sollten keine Klumpen entstehen.
3. Zitronenschale abreiben und mit leerer Vanilleschote, Schlagobers sowie Milch in einem Topf 10 Minuten schwach köcheln lassen und anschließend durch ein Sieb abseihen. Mithilfe eines Schneebesens die Eiermasse unter ständigem Rühren in die heiße Milch-Obers-Masse mischen.
4. Eier-Milch-Masse bei kleiner Temperatur weiterköcheln und aufkochen lassen, sodass sie eindickt. **Achtung:** Ständig umrühren, damit die Creme nicht anbrennt.
5. Masse in eine Schüssel umfüllen und im Kühlschrank für mindestens 5 Stunden kalt stellen.
6. Kurz vor dem Servieren die Minze waschen, fein hacken.
7. Vanillecreme mit Labneh und Datteln in einer Schüssel oder auf einem Teller servieren und mit gehackter Minze bestreuen. Diese drei Gerichte schmecken zusammen einfach göttlich!

„die suppe hat ausgezeichnet geschmeckt, und die knusprigen salbeiblätter sind ein hit! auf die nachspeise haben wir uns gestürzt, war wirklich sehr gut!"

sigrid, ried in der riedmark

„ein stück marokko in einem herzlichen freundschaftlich-familiären rahmen mitten in wien. die feine abstimmung der Gewürze erlebte ich als wahres gaumenspiel, und die in kardamom-kaffee eingelegten datteln waren definitiv eine dessertsünde wert."

sonja, wien

„von der wärmenden suppe über das scharf-würzige huhn zur grandiosen kombination von datteln mit kardamom-kaffee und vanille ist das eine perfekte steigerung von genuss und abgestimmtem geschmackserlebnis."

judith, wien

„muffins waren genial im geschmack und die datteln ein genuss. hätte nicht gedacht, dass die so fein weich werden. labneh harmoniert auch herrlich mit honig, gehackten walnüssen und minze!" karin, wien

„für mich war es erstaunlich, dass ganz normale gerichte wie eine kürbissuppe, durch biancas rezept so viel besser schmecken kann. das haben auch meine freunde so gesehen!" sandra, wien

„datteln, kaffee, kardamom – ein biss und drei sterne zur köstlichen krönung, genau meins!" wolfgang, wien

Ablaufplanung

BIS 1 TAG VORHER

1. Gemüsebrühe als Basis für die Suppe zubereiten
2. Kardamomdatteln zubereiten und kühl stellen
3. Labneh zubereiten

AM Tag SELBST

1. Für die Tajine getrocknete Marillen hacken und in 200 ml Wasser einweichen.
2. Vanillecreme zubereiten
3. Suppe vorbereiten und kurz vor dem Servieren das Schlagobers dazugeben. Nicht mehr aufkochen lassen!
4. Tajine zubereiten
5. Couscous vorbereiten, aber erst kurz vor dem Servieren Couscous in den Ofen stellen.
6. Als letzten Arbeitsschritt den Teig für die Muffins zubereiten.

30 MINUTEN BEVOR DIE GÄSTE DA SIND

1. Muffins im Backofen – abhängig von der Größe der Muffinformen – für 15 bis 25 Minuten backen.

WENN DIE Gäste DA SIND

1. Muffins ca. 10 Minuten auskühlen lassen, aber noch lauwarm servieren.
2. Suppe aufwärmen. Schlagobers mit 5 EL Suppe verrühren, in die Suppe einrühren und noch kurz mitköcheln, aber nicht mehr auf kochen lassen. Mit restlichem Kreuzkümmel bestreuen.
3. Couscous mit Butter in den Backofen geben. Tajine nochmals aufwärmen. Couscous mit Tajine und knusprigen Salbeiblättern servieren.
4. Auf einem Teller oder in einer Schüssel die drei Zutaten Vanillecreme, Labneh und Datteln servieren.

Einkaufsliste

Obst & Gemüse

2	Bio-Zitronen
4	Knoblauchzehe
3	Zwiebeln
½	Sellerieknolle
2	Karotten
200 g	Topinambur
200 g	Hokkaidokürbis
5 cm	Ingwer
1–2	rote Chilischoten

Kräuter

½ Bund	Petersilie
22	frische oder 1 TL getrocknete Salbeiblätter
½ Bund	Minze

Gewürze

1 TL	getrockneter Thymian
1–2 TL	Fenchelsamen
1–2 TL	Kreuzkümmel
10	Pfefferkörner
2	Lorbeerblätter
2	Zimtstangen
8	Kardamomkapseln
1	Vanilleschote
	Salz
	frisch gemahlener Pfeffer
	Olivenöl

Frischeprodukte

4	Eier
60 g	Butter
125 ml	Buttermilch
75 g	Feta
30 g	geriebener Parmesan
250 g	Schlagobers
500 g	Joghurt (3,5 % Fett)
380 ml	Milch

Fisch & Fleisch

600 g	Hühnerbrust

Trockenzutaten

3	in Öl eingelegte Tomaten
100 g	glattes Weizenmehl
1 TL	Backpulver
¼ TL	Natron
80 g	Kristallzucker
100 g	getrocknete Marillen
1 Dose	geschälte Tomaten
2 EL	Tomatenmark
2 EL	Honig
250 g	Couscous
200 g	entkernte, getrocknete Datteln
250 ml	starker Kaffee
1 TL	Maisstärke

Menü
März
Gegrilltes Schwarzbrot
mit Birnen und Ziegenkäse
Rote-Rüben-Kokos-Suppe
und Sesamstangen
Asiatische Fischbällchen
auf Glasnudelsalat
Zitrus-Vanille-Tarte
Zur geheimen Schnatterei

„die idee, an einem kochevent teilzunehmen, hatten wir schon länger, da wir beide leidenschaftlich gerne gut essen und auch gerne kochen. in einer zeitschrift bin ich dann auf einen artikel über die ‚geheime schnatterei' aufmerksam und sofort neugierig geworden. recht spontan haben wir uns angemeldet. die vorfreude war groß, und ein bisschen nervös waren wir schon, da wir gleich beim ersten mal als gastgeber fungiert haben. eine vorbesprechung mit bianca hat die erste angst aber genommen.

dann kam der gastgebertag, und was uns da erwartet hat, damit hätten wir nie gerechnet. es wurde ein absolut gelungener abend: tolle gerichte mit perfektem timing und viel liebe von bianca serviert, stimmengewirr und gelächter aller gäste bis weit nach mitternacht, gute gespräche, die weit über smalltalk hinausgingen, und die erkenntnis, dass man auch mit fremden menschen einen ganz wunderbaren und ungezwungenen abend verbringen kann! dass es jetzt rezepte zum nachkochen in form dieses kochbuchs gibt, freut uns umso mehr, da werden erinnerungen wach."

Zu Gast bei

Iris und Patrick
im 16., Wien

Gegrilltes Schwarzbrot mit Birnen und Ziegenkäse

Bereits seit Jahrzehnten fahre ich gerne nach Frankreich auf Urlaub und freue mich im Vorfeld schon auf die neuen lukullischen Erlebnisse. Gebratener Ziegenkäse mit Birne ist ein französischer Klassiker und auf gegrilltem Schwarzbrot eine schöne Hommage an die französische Aperitifkultur. Man mag zu den Franzosen stehen, wie man will, aber dieser Aperitif ist unschlagbar.

WEINEMPFEHLUNG: Leichte bis mittelkräftige Weißburgunder, zum Beispiel aus dem Kamptal: Die Steinobst- und Nussnoten sollten wunderbar mit den Birnen harmonieren.

ARBEITSZEIT: 30–40 Minuten
SCHWIERIGKEITSGRAD: einfach
FÜR 4–6 PORTIONEN

ZUTATEN
100 g weicher Ziegenfrischkäse
2–3 Scheiben Schwarzbrot (ca. 1 cm dick)
2–3 feste Birnen
2 Knoblauchzehen
1 Bio-Zitrone
1 EL Rohr- oder Kristallzucker
50 g Walnüsse
Salz, frisch gemahlener Pfeffer
Olivenöl

ZUBEREITUNG
1. Backofen auf 180 °C vorheizen.
2. Walnüsse grob mörsern. Knoblauch schälen, fein hacken und mit den Nüssen fein mörsern oder pürieren, bis eine Paste entsteht. Salzen, pfeffern und mit 2 EL Olivenöl vermischen. Schwarzbrotscheiben damit bestreichen und im Backofen rösten, bis sie leicht braun sind.
3. Zitronenschale abreiben und Saft auspressen. Birnen schälen, vierteln, Kerngehäuse entfernen und in etwa 3 mm dicke Scheiben schneiden. Mit Zucker, 2 EL Olivenöl, 2 EL Zitronensaft, Salz und Pfeffer vermischen.
4. Ziegenfrischkäse mit 1 bis 2 EL Zitronenschale und 1 EL Wasser verrühren.
5. Pfanne erhitzen und Birnenstücke darin anbraten, bis sie weich und leicht gebräunt sind.
6. Birnenstücke auf den gegrillten Brotscheiben verteilen. Mit Ziegenfrischkäse bestreichen und mit Pfeffer und restlicher Zitronenschale bestreuen. Die Brote mit einem scharfen Messer in ca. 3 cm breite Streifen schneiden. Am besten lauwarm servieren.

Rote-Rüben-Kokos-Suppe und Sesamstangen

Während meines Studiums habe ich an einer Sommeruniversität in der Ukraine teilgenommen und dabei von ungefähr 21 Mittagessen 19 Mal Borschtsch serviert bekommen. An den anderen beiden Tagen habe ich nicht dort gegessen. Meine Beziehung zu dieser Suppe ist daher eine ganz besondere. Ich habe sie in diesem Rezept asiatisch interpretiert, und so schmeckt sie mir sogar um ein Vielfaches besser als der Klassiker. Die Suppe eignet sich auch wunderbar für den Winter, und anstelle von Wasabi kann auch frisch geriebener Kren verwendet werden.

WEINEMPFEHLUNG: Schilchersekt aus der Weststeiermark: Die knackige Säure und würzigen Noten geben der erdig-exotischen Suppe den richtigen Kick.

ARBEITSZEIT: 30–40 Minuten
SCHWIERIGKEITSGRAD: einfach
FÜR 4 PORTIONEN

ZUTATEN FÜR DIE SUPPE
500 g Rote Rüben
200 g mehlige Kartoffeln
2 cm Ingwer
1 Bio-Zitrone
1 Limette
300 ml Kokosmilch
2–3 TL Wasabi
¼ –½ TL Szechuanpfeffer
Salz, frisch gemahlener Pfeffer
Sonnenblumenöl

ZUTATEN FÜR DIE SESAMSTANGEN
½ Pkg. Blätterteig
1 Ei
30–50 g Sesam
Salz

ZUBEREITUNG

1. **Für die Sesamstangen** den Backofen auf 180 °C vorheizen. Ei versprudeln, den Teig damit bestreichen und mit Sesam und Salz bestreuen. Zusammenklappen und mit einem Nudelholz nochmals ausrollen. Teig in ca. 1 cm breite Stangen schneiden, eindrehen, auf ein mit Backpapier ausgelegtes Backblech legen und 10 bis 15 Minuten goldbraun backen.
2. **Für die Suppe** Rote Rüben und Kartoffeln mit einem Sparschäler oder kleinem Gemüsemesser schälen und in kleine Stücke schneiden. **Achtung:** Sinnvoll ist es hierbei mit Einweghandschuhen zu arbeiten oder die Rüben unter fließendem Wasser zu schälen, da sie stark färben.
3. Ingwer schälen und in feine Stücke schneiden.
4. In einem Topf 2 EL Sonnenblumenöl erwärmen und Rote Rüben, Kartoffeln und Ingwer mit ½ TL Salz und gemörsertem Szechuanpfeffer für 2 Minuten bei kleiner Hitze anbraten.
5. Gemüse mit 600 ml Wasser aufkochen und 20 bis 30 Minuten köcheln lassen, bis das Gemüse weich ist. Dann fein pürieren, Kokosmilch dazugießen und mitköcheln lassen.
6. Zitronenschale abreiben. Saft von der Limette und der Zitrone auspressen. 1 EL Zitronensaft, 1 bis 2 EL Limettensaft, 1 EL Zitronenschale mit 2 TL Wasabi gut vermischen und in die Suppe einrühren. Kosten und nach Geschmack mit Salz, Pfeffer, Wasabi sowie Zitronen- und Limettensaft abschmecken.
7. Suppe auf Teller verteilen, mit restlicher Zitronenschale bestreuen und mit den Sesamstangen servieren.

TIPPS

Wenn Teig übrig bleibt, kann man ihn mit geriebenem Käse, Salz und Kümmel bestreuen und daraus gleich kleine Stangen zum Knabbern backen.

Falls die Suppe zu dickflüssig ist, noch etwas Wasser oder Kokosmilch dazugeben. Falls sie zu dünn geraten ist, dann ½ bis 1 EL Maisstärke mit 5 EL Wasser vermischen, in die Suppe rühren und einmal aufkochen lassen.

Asiatische Fischbällchen auf Glasnudelsalat

Aufgrund vieler Reisen nach Asien bin ich ein großer Fan der asiatischen Küche geworden, insbesondere liebe ich die Garküchen auf den Straßen Vietnams. Die vietnamesische Küche zeichnet sich vor allem durch die Verarbeitung von frischen Kräutern aus. Glasnudeln werden aus der Stärke der Mungobohne hergestellt und sind schnell zubereitet. Typisch für Vietnam ist auch die Verwendung von Erdnüssen, die diesem Gericht noch etwas Knackiges verleihen.

WEINEMPFEHLUNG: Zum Beispiel ein reiferer Sauvignon blanc aus dem Burgenland mit Noten von roten Paprika verbunden mit feiner Säure wird gut mit den würzig-scharfen asiatischen Aromen und dem Fisch harmonieren.

ARBEITSZEIT: 45–60 Minuten
SCHWIERIGKEITSGRAD: einfach
FÜR 4–6 PORTIONEN

ZUTATEN FÜR DIE FISCHBÄLLCHEN
500 g enthäutete Forellen- oder Saiblingfilets
1 Ei
1 Bio-Zitrone
4 Zweige Koriander
3 Kaffirlimettenblätter
1 Stängel Zitronengras
2 EL glattes Weizenmehl
Fischsauce
Salz, frisch gemahlener Pfeffer
Sonnenblumenöl

ZUTATEN FÜR DEN GLASNUDELSALAT
2 Karotten
100 g Sojasprossen
1 Lauchstange
½ Bund Koriander
½ Bund Minze oder Thaibasilikum
150 g Glasnudeln
80 g geröstete Erdnüsse

ZUTATEN FÜR DAS DRESSING
2 Limetten
1–2 rote Chilischoten
1 Stängel Zitronengras
3 cm Ingwer
4 EL Fischsauce
2 EL Sojasauce
1 TL Rohr- oder Kristallzucker
Salz
3 EL geröstetes Sesamöl
2 EL Sonnenblumenöl

ZUBEREITUNG

1. **Für die Fischbällchen** Kaffirlimettenblätter ganz fein schneiden. Die weichen Teile des Zitronengrases klein schneiden. Zitronenschale abreiben und Saft auspressen. Koriander und Minze waschen, trocknen und fein hacken.
2. Fischfilets gemeinsam mit dem Ei, Zitronengras, 2 EL Zitronensaft und 2 EL Fischsauce pürieren. 2 EL Mehl, 1 EL Zitronenschale und den gehackten Koriander unter die Fischmasse mischen. Nach Geschmack salzen sowie pfeffern und zugedeckt im Kühlschrank 30 Minuten stehen lassen.
3. **Für den Salat** die Karotten schälen und in ca. 4 cm lange und sehr dünne Streifen schneiden oder grob reiben. Wenn sie zu dick geraten sind, für 1 bis 2 Minuten im heißen Wasser blanchieren. Lauch in dünne Scheiben schneiden. Sojasprossen abwaschen und abtropfen lassen. Koriander und Minze waschen, trocknen und fein hacken. Chili entkernen und fein hacken. Zitronengras in ganz feine Stücke schneiden. Erdnüsse im Mörser grob zerstoßen.
4. Glasnudeln mit der 3-fachen Menge an heißem Wasser übergießen und ca. 5 Minuten stehen lassen (bitte Packungsbeschreibung beachten), dann kalt abschrecken. Mit einer Schere oder einem Messer die Nudeln zerkleinern.
5. **Für das Dressing** Limetten auspressen. Sesamöl, Sonnenblumenöl, 2 EL Wasser, Fischsauce, Sojasauce, 5 EL Limettensaft, Zucker und ¼ TL Salz gemeinsam mit dem Pürierstab zu einem Dressing verarbeiten. Zitronengras und etwas Chili in das Dressing geben. Abschmecken und falls notwendig noch mehr Sojasauce, Chili, Salz und Limettensaft dazugeben.
6. Einen Topf mit Wasser erhitzen und einen Dämpfeinsatz oder ein Sieb mit Sonnenblumenöl bestreichen. Sobald das Wasser kocht, aus der Fischmasse ungefähr 20 Stück golfballgroße Kugeln formen, in den Dämpfeinsatz geben und für 10 bis 12 Minuten zugedeckt garen lassen. Abhängig von der Größe des Dämpfeinsatzes, muss man mehrere Durchgänge machen. Die fertigen Fischbällchen in eine Auflaufform geben.
7. Backofen auf 120 °C vorheizen und vor dem Servieren die Bällchen ca. 15 Minuten im Backofen aufwärmen.
8. Glasnudeln, Karotten, Lauch, Koriander, Minze mit dem Dressing gut vermischen. Nochmals abschmecken und mit den Erdnüssen bestreuen und gemeinsam mit den Fischbällchen servieren.

TIPPS
Wenn Sie keine Fischbällchen machen wollen, dann können Sie einfach etwas mehr Gemüse anbraten und gemeinsam mit den Glasnudeln servieren.

Die Bällchen können auch mit faschiertem Fleisch zubereitet werden.

Zitrus-Vanille-Tarte

Die Nachspeise schließt, wie schon bei der Vorspeise begonnen, mit einer schönen französischen Nachspeise. Ich bereite bei meinen Menüs sehr gerne Tartes zu, da ich den Teig gut vorbereiten und bei den Füllungen kreativ sein kann. Zitronentarte ist ein erfrischender Klassiker, der auch von keinem Gast ausgelassen wird, und passt wunderbar als Abschluss zu einem vietnamesisch angehauchten Menü.

WEINEMPFEHLUNG: Eine Auslese von Scheurebe oder Muskat-Ottonel, zum Beispiel aus dem Seewinkel: Die exotischen Noten nach Maracuja und Zitronengras sollten wunderbar mit der Tarte harmonieren.

ARBEITSZEIT: 40–50 Minuten
SCHWIERIGKEITSGRAD: mittel
FÜR 6–8 PORTIONEN

ZUTATEN FÜR DEN MÜRBTEIG
100 g Butter
1 Ei
250 g Mehl
50 g Staubzucker
Salz

ZUTATEN FÜR DIE FÜLLUNG
125 g Schlagobers
4 Eier
2 Bio-Zitronen
2 Limetten
Minze für die Dekoration
1 Vanilleschote
1 EL Maisstärke
80 g Kristallzucker

ZUBEREITUNG
1. **Für den Mürbteig** handwarme Butter mit Mehl, einer Prise Salz und Zucker zwischen den Fingern oder mit dem Mixer zerbröseln. In die Mitte eine Mulde machen, 2 EL kaltes Wasser sowie das Ei hineingeben und rasch zu einem Teig verarbeiten. Mit Frischhaltefolie abdecken und etwa eine Stunde in den Kühlschrank stellen.
2. Teig auf bemehlter Arbeitsfläche ausrollen und 4 bis 6 keine Tarteformen (Ø 8–10 cm) oder eine große Tarteform (Ø ca. 28 cm) vorbereiten. Teig 5 mm dünn ausrollen. Für die kleinen Formen den Teig ca. 2 cm größer ausstechen oder den gesamten Teig über die große Form heben und vorsichtig hineinlegen. Überstehenden Teig mit einem Messer wegschneiden. Teig mehrmals mit einer Gabel einstechen, damit er keine Blasen wirft.
3. Backofen auf 180 °C vorheizen. Backpapier auf den Teig legen, mit Hülsenfrüchten (z. B. Linsen, Bohnen) beschweren und 10 bis 15 Minuten backen. Anschließend Hülsenfrüchte sowie Backpapier entfernen.
4. **Für die Füllung** Zitronenschale abreiben und Zitronen- sowie Limettensaft auspressen. Vanilleschote der Länge nach aufschneiden und Mark herausschaben.
5. Eier mit Vanillemark und Kristallzucker mindestens 5 Minuten schaumig schlagen. Maisstärke und Schlagobers mithilfe eines Schneebesens verrühren. Obersmischung, Zitronenschale, Zitronen- und Limettensaft mit einem Kochlöffel unter die Eier-Vanille-Mischung rühren.
6. Füllung in die ausgekühlte(n) Tarteform(n) füllen und nochmals bei 180 °C 30 bis 35 Minuten backen, sodass sie in der Mitte noch nicht ganz gestockt ist. Bei den kleinen Formen die Backzeit auf 20 bis 25 Minuten reduzieren.
7. Tarte auskühlen lassen und mit frischen Minzeblättern dekorieren und servieren.

TIPPS
Bleibt Mürbteig übrig, dann kann man ihn im Kühlschrank gut verpackt eine Woche aufbewahren, oder man kann ihn einfrieren und später daraus zum Beispiel leckere Vanillekipferln machen.

Die Tarte schmeckt am nächsten Tag sogar noch besser. Wenn etwas übrig bleibt, also keine Sorge!

„ein kurzweiliger abend mit kulinarischen köstlichkeiten, perfekten gastgebern und lustiger schnatterei. besonders fein waren die brötchen zum aperitif und die rote-rüben-suppe, mmmmmhhhh! und koriander liebe ich sowieso, der erinnert mich an urlaub."

anita, wien

„lauwarm schmecken die brote am besten! auch mit feigen kann ich mir das gut vorstellen. von der tarte waren alle acht testesser begeistert! feine balance zwischen säure und süße, schmeckt auch nicht schwer, obwohl obers & butter drinnen sind – manche dachten sogar es wäre topfen. am nächsten tag war die tarte fast noch besser!"

claudia, wien

„immer wieder eine wunderbare bereicherung zum üblichen trott. tolles setting mit kulinarischen köstlichkeiten in netter gesellschaft. in jeder Hinsicht gewinnbringend."

vera, wien

„es ist eine fantastische idee, einander unbekannte menschen zum essen und plaudern zusammenzubringen. noch dazu, wenn eine so ausgezeichnete köchin wie bianca das catering übernimmt. übrigens: die rote-rüben-suppe mit dem kokosaroma sagt mehr als tausend worte :-)"

jürgen, wiener neustadt

Ablaufplanung

BIS 1 TAG VORHER

1. Tarte backen
2. Suppe zubereiten

AM Tag SELBST

1. Sesamstangen für die Suppe backen
2. Fleischbällchen zubereiten
3. Zutaten für den Glassalat vorbereiten
4. Zutaten für den Aperitif vorbereiten

30 MINUTEN BEVOR DIE GÄSTE DA SIND

1. Backofen auf 200 °C vorheizen
2. Aperitif zubereiten

WENN DIE Gäste DA SIND

1. Backofen auf 120 °C vorheizen
2. Suppe aufwärmen und abschmecken, gemeinsam mit Sesamstangen servieren.
3. Fleischbällchen für 15 Minuten im Backofen aufwärmen.
4. Glassalat mit allen Zutaten und Dressing gut durchmischen und nochmals abschmecken. Salat mit Fischbällchen auf die Teller verteilen und mit Erdnüssen bestreuen.
5. Zitrus-Vanille-Tarte aus der Form nehmen, mit Minzeblättern garnieren und servieren.

Einkaufsliste

Obst & Gemüse

2–3	feste Birnen
2	Knoblauchzehen
5	Bio-Zitronen
5	Limetten
2	Karotten
100 g	Sojasprossen
1	Lauch
2	rote Chilischoten
500 g	Rote Rüben
200 g	mehlige Kartoffeln
5 cm	Ingwer

Kräuter

1 Bund	Koriander
3	Kaffirlimettenblätter
2 Stängel	Zitronengras
1 Bund	Minze

Gewürze

½ TL	Szechuanpfeffer
	Fischsauce
	Sesamöl
1	Vanilleschote
	Salz
	frisch gemahlener Pfeffer
	Sonnenblumenöl
	Olivenöl

Frischeprodukte

100 g	weicher Ziegenfrischkäse
½ Pkg.	Blätterteig
7	Eier
100 g	Butter
125 g	Schlagobers

Fisch & Fleisch

500 g	enthäutete Forellen-, Lachs- oder Saiblingfilets

Trockenzutaten

2–3 Scheiben	Schwarzbrot (ca. 1 cm dick)
110 g	Rohr- oder Kristallzucker
50 g	Walnüsse
300 ml	Kokosmilch
3 TL	Wasabi
30–50 g	Sesam
280 g	glattes Weizenmehl
150 g	Glasnudeln
80 g	geröstete Erdnüsse
50 g	Staubzucker
1 EL	Maisstärke

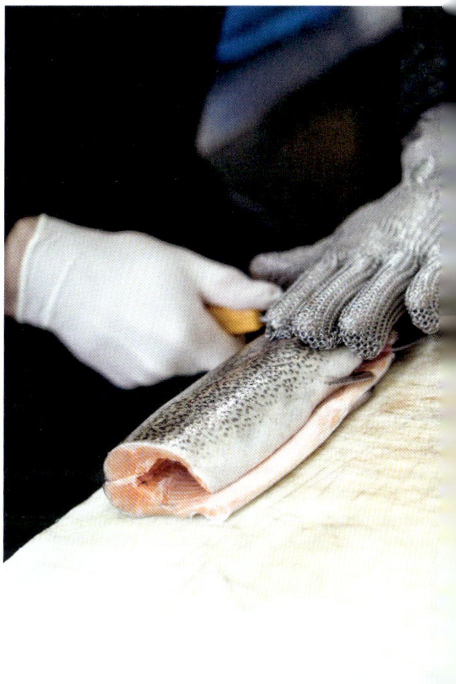

Menü
April
Linsen-Tomaten-Dip
Rohkost und Schwarzbrot
Miniquiche mit Spinat,
Schafkäse und Salat
Marinierte Truthahnbrust
mit Erdnussreis
Orangenmousse
auf Schokoladesauce
Zur geheimen Schnatterei

„aus einfachen zutaten ein perfektes menü bereiten, dass dies möglich ist, beweist bianca mit ihrer ‚geheimen schnatterei' in zweierlei hinsicht: einerseits versteht es bianca sehr gut, wie man in diesem kochbuch sehen kann, aus leicht verfügbaren und großteils weitverbreiteten ingredienzien überraschend neue, interessante und vor allem wohlschmeckende kompositionen zu kochen. im übertragenen sinn schafft sie es mit ihrer begabung, vierzehn sich teilweise unbekannte personen zu einem gelungenen, lustigen, bereichernden und spannenden abend zusammenzuführen."

Zu Gast bei

Thomas
im 9., Wien

Linsen-Tomaten-Dip mit Rohkost und Schwarzbrot

Während meiner Schulzeit habe ich mir ein Kochbuch über Hülsenfrüchte gekauft und so entdeckt, wie gesund sie eigentlich sind. Bis dahin kannte ich nur die österreichischen Klassiker: weißer Bohnen- und brauner Linsensalat. Mit diesem Kochbuch bin ich in den Linsenkosmos eingetaucht. Seither verwende ich insbesondere häufig rote Linsen, weil sie ohne Vorbereitung sehr schnell zu verkochen und trotzdem schmackhaft sind. Der geröstete Kreuzkümmel gibt dem Dip etwas Orientalisches, und die Zitrone balanciert den Linsengeschmack sehr gut.

WEINEMPFEHLUNG: Leichte Grüner Veltliner, beispielsweise aus dem Weinviertel: Die fruchtig-würzigen Noten sind eine schöne Begleitung zu den Linsen.

ARBEITSZEIT: 20–30 Minuten
SCHWIERIGKEITSGRAD: einfach
FÜR 4–6 PORTIONEN

ZUTATEN

130 g Ricotta
1–2 Knoblauchzehen
1 Zwiebel
1 Bio-Zitrone
1 Chilischote
3 Karotten
1 Stangensellerie
½ Bund Petersilie
120 g rote Linsen
12 in Öl eingelegte, getrocknete Tomaten
2–3 große Scheiben Schwarzbrot
½ EL Kreuzkümmel
Salz, frisch gemahlener Pfeffer
Olivenöl

ZUBEREITUNG

1. In einer Pfanne Kreuzkümmel ohne Zugabe von Fett rösten und mörsern.
2. Zwiebel und Knoblauch schälen, fein schneiden. In einer Pfanne 2 EL Olivenöl erhitzen und Zwiebel und Knoblauch bei kleiner Flamme glasig schwitzen. Linsen dazugeben und mit 300 ml Wasser aufgießen. Einmal kurz aufkochen lassen, dann für 10 bis 15 Minuten zugedeckt gar kochen und etwas auskühlen lassen.
3. Zitronenschale abreiben und Saft auspressen. Chilischote fein hacken. Linsen zusammen mit Ricotta, Hälfte der Tomaten, 1 EL Zitronenschale, 2 EL Zitronensaft sowie 3 EL Olivenöl pürieren. Mit Chili, Kreuzkümmel, Salz und Pfeffer abschmecken. Restliche Tomaten und Petersilie fein hacken und mit einem Kochlöffel untermischen. Falls der Dip zu dickflüssig ist, einfach etwas kaltes Wasser und Olivenöl untermengen.
4. Kalt stellen und vor dem Servieren nochmals mit Zitronensaft oder -schale, Salz und Pfeffer abschmecken.
5. Für die Brotscheiben den Backofen auf 200 °C vorheizen und auf jeder Seite so lange grillen, bis sie knusprig und braun sind. Noch warm in 2 cm breite Streifen schneiden.
6. Karotten schälen, Stangensellerie waschen. Beides in 8 bis 10 cm lange Stücke schneiden.
7. Dip gemeinsam mit den Gemüsestücken und den Brotstreifen servieren.

TIPPS

Kochen Sie auch die Hauptspeise? Dann rösten Sie den dafür benötigten Kreuzkümmel gleich mit.

Wenn Sie noch getrocknete Tomaten übrig haben, dann verwenden Sie diese für die Dekoration.

Wer mag, kann zu diesem Gericht zusätzlich noch Oliven servieren.

Miniquiche mit Spinat, Schafkäse und Salat

Ich war nie ein großer Fan von Quiche, bis ich die bisher beste in einem kleinen Toulouser Straßencafé gegessen habe. Die französische Kombination von Quiche mit einem kleinen grünen Salat hat es mir jetzt angetan. Jürgen meinte, er könnte sich in diese Spinatquiche eingraben und hat beim Fotoshooting gleich mehrere davon verdrückt. Diese Gefahr besteht wohl auch bei Ihren Gästen.

WEINEMPFEHLUNG: Zum Beispiel ein leichter Weißburgunder aus dem Traisental: Die Steinobstnoten sollten perfekt mit dem Spinat harmonieren, die Säure balanciert den Quicheteig.

ARBEITSZEIT: 40–50 Minuten
SCHWIERIGKEITSGRAD: mittel
FÜR 4–6 PORTIONEN

ZUTATEN FÜR DIE QUICHE
100 g Butter
150 g Sauerrahm
50 g Schlagobers
3 Eier
100 g Schafkäse (Feta)
50 g deftiger Käse (etwa Bergkäse)
200–300 g frischer oder 150 g TK-Blattspinat
1 kleine Zwiebel
2 Knoblauchzehen
200 g glattes Weizenmehl
50 g Pinienkerne
1 TL Kristallzucker
frisch geriebene Muskatnuss
Salz, frisch gemahlener Pfeffer
Olivenöl

ZUTATEN FÜR DEN SALAT
50 g Rucola
100 g grüner Salat
3 Radieschen
1 Bio-Zitrone
1 EL Honig
2 TL Dijonsenf
Salz, frisch gemahlener Pfeffer
Olivenöl

ZUBEREITUNG
1. **Für die Quiche** Butter ca. 1 Stunde vorher aus dem Kühlschrank nehmen. Mehl mit ¼ TL Salz mischen und die Butter zwischen den Fingern mit dem gesalzenen Mehl zerbröseln. Dann einen Eidotter und 2 EL kaltes Wasser zufügen und rasch zu einem Mürbteig verarbeiten. Falls der Teig zu trocken ist, einfach noch 1 bis 2 EL kaltes Wasser dazugeben. Wenn Teig übrig bleibt, eine andere Form damit auslegen und einfrieren.
2. Teig zu einer Kugel formen, mit Frischhaltefolie zudecken und für eine Stunde in den Kühlschrank stellen. 4 bis 6 kleine Tarteformen (Ø 10–12 cm) oder 1 große Tarteform (Ø 24–26 cm) bereitstellen.
3. Während der Teig rastet, die Fülle vorbereiten. Dafür Spinat waschen und in grobe Stücke reißen. Knoblauchzehen und Zwiebel schälen und in feine Scheiben schneiden. In einer Pfanne 1 EL Olivenöl erhitzen und Knoblauch und Zwiebel darin glasig anbraten. Kristallzucker dazugeben und karamellisieren lassen. Sobald die Masse leicht braun ist, Spinat dazugeben und kurz mitdünsten, bis er zusammengefallen ist. Mit Muskatnuss, Salz und Pfeffer abschmecken.
4. Backofen auf 180 °C vorheizen.
5. Auf einer bemehlten Arbeitsfläche den Teig ca. 3 mm dünn ausrollen und – zum Beispiel mit einer Tasse oder einem Glas – Kreise für die Formen ausstechen, die jeweils ca. 2 cm größer als der Durchmesser der Formen sein sollen. Formen mit den Teigkreisen auslegen. **Wichtig:** Teig in der Form mit einer Gabel mehrmals einstechen, damit er keine Blasen wirft.
6. Die mit Teig gefüllten Formen mit Backpapier auslegen, mit Hülsenfrüchten (Linsen, Erbsen) auffüllen und 10 Minuten backen. Damit wird verhindert, dass die Teigränder einfallen. Nach dem Backen Hülsenfrüchte sowie Backpapier entfernen.
7. Zerbröselten Fetakäse mit 2 Eiern (wer will, kann auch das noch vorhandene Eiklar mitverwenden), Schlagobers und Sauerrahm verrühren. Spinat unterrühren und nochmals abschmecken. Pinienkerne in einer Pfanne ohne Zugabe von Fett rösten und Bergkäse reiben. **Achtung:** Pinienkerne nicht aus den Augen lassen, sie werden sehr schnell schwarz!
8. Nach 10 Minuten die Spinatmasse in die Förmchen füllen, mit dem Bergkäse sowie der Hälfte der Pinienkerne bestreuen und weitere 15 bis 20 Minuten backen, bis der Käse schön braun ist. Bei einer großen Tarteform verlängert sich die Backzeit um 8 bis 10 Minuten.
9. **Den Salat** waschen und die Radieschen in dünne Scheiben schneiden. Für das Salat-Dressing 5 EL Olivenöl, 3 EL Wasser, Senf, Honig, 2 bis 3 EL Zitronensaft mit einem Pürierstab mixen und mit Salz sowie Pfeffer abschmecken.
10. Kurz vor dem Servieren Salat mit Dressing gut vermischen und mit lauwarmer Quiche und restlichen Pinienkernen servieren.

TIPP
Diese Quiche schmeckt auch hervorragend mit Hokkaidokürbis. Dafür einfach die Spinatmenge durch 200 g fein geschnittenen Kürbis ersetzen und anbraten.

Marinierte Truthahnbrust mit Erdnussreis

Sollten Sie es bis jetzt noch nicht gemerkt haben, dann spätestens bei diesem Menü: Ja, ich bin ein großer Fan von Zitrusfrüchten beim Kochen. Diese fruchtig-süß-säuerliche Marinade macht aus jeder Truthahnbrust einen saftigen Gang, mit dem sie bei ihren Gästen punkten können. Auch aufgewärmt in der Sauce schmeckt sie am nächsten Tag noch herrlich, falls etwas übrig bleiben sollte. Der Reis verleiht dem Ganzen noch eine exotischere Note.

WEINEMPFEHLUNG: Mittelkräftige Chardonnays, beispielsweise aus dem Neusiedlersee-Hügelland. Die nussig-fruchtigen Aromen des Chardonnays werden perfekt mit den Erdnüssen harmonieren, ein leichter Würzetouch vom Eichenfass kann einen zusätzlichen Kick bringen.

ARBEITSZEIT: 30–40 Minuten
SCHWIERIGKEITSGRAD: einfach
FÜR 4 PORTIONEN

ZUTATEN FÜR DIE TRUTHAHNBRUST
700 g Truthahnbrust
1 Bund Petersilie
½ Bund Minze
2 Knoblauchzehen
1 Bio-Zitrone
1 Bio-Orange
1 TL gemahlener Zimt
1 EL Kreuzkümmel
2 EL Ahornsirup
Salz, frisch gemahlener Pfeffer
Olivenöl

ZUTATEN FÜR DEN ERDNUSSREIS
240 g Basmatireis
80 g geröstete Erdnüsse
1 EL Senfkörner
Olivenöl
Salz

ZUBEREITUNG

1. **Für die Truthahnbrust** Kreuzkümmel in einer Pfanne ohne Zugabe von Fett rösten und mörsern. Petersilie sowie Minze waschen, trocknen und Blätter abzupfen. Knoblauch schälen und in grobe Stücke schneiden. Zitrone und Orange abreiben und auspressen.
2. Für die Fleischmarinade Hälfte der Petersilie, Minze, Knoblauch, Zimt, Kreuzkümmel, Zitronen- und Orangenschale sowie deren Saft mit Ahornsirup, 5 EL Olivenöl, 100 ml Wasser und Pfeffer pürieren. Truthahnbrust mit der Marinade gut einreiben und über Nacht oder mindestens 5 Stunden kühl stellen.
3. Backofen auf 200 °C vorheizen.
4. Truthahnbrust aus der Marinade nehmen und salzen. Auf ein Backblech oder in eine Auflaufform setzen und im vorgeheizten Backofen 15 Minuten braten. Dann bei 180 °C 15 Minuten und anschließend bei 160 °C ebenfalls 15 Minuten braten. Aus dem Rohr nehmen, mit Alufolie abdecken und ca. 15 Minuten ruhen lassen, bevor der Braten angeschnitten wird.
5. Die Marinade in einem Topf erhitzen und bei schwacher Temperatur 15 Minuten köcheln lassen und nach Geschmack salzen.
6. **Für den Reis** in einem Topf 2 EL Olivenöl erhitzen und die Senfkörner dazugeben. Die Senfkörner werden nach einer gewissen Zeit zu hüpfen beginnen und einen nussigen Duft verbreiten. Erdnüsse grob hacken und nach etwa 3 Minuten die Hälfte der Erdnüsse dazugeben und für 2 bis 3 Minuten weiterbraten. Dann den Reis dazumischen und gut umrühren, damit der gesamte Reis mit Öl bedeckt ist. Mit der 1½-fachen Wassermenge aufgießen. ¼ TL Salz dazugeben, einmal aufkochen lassen und dann weitere 15 Minuten zugedeckt köcheln lassen. Vom Herd nehmen und zugedeckt stehen lassen. Die restlichen Erdnüsse untermischen und nach Geschmack salzen.
7. Restliche Petersilie fein hacken. Truthahnbrust in Scheiben schneiden und gemeinsam mit Sauce, Reis und gehackter Petersilie servieren.

Orangenmousse auf Schokoladesauce

Ich liebe die Kombination von Orange mit dunkler Schokolade. Statt lediglich eine Tafel Schokolade auf den Tisch zu legen, habe ich in diesem Rezept eine Kombination von verschiedenen Zutaten ausprobiert, die mir besonders gut schmecken. So ist eine sehr einfache, schnelle und leckere Nachspeise entstanden. Mehr gibt es darüber nicht zu sagen. Einfach genießen!

WEINEMPFEHLUNG: Beispielsweise eine Rieslingspätauslese oder -auslese aus der Wachau: Ein schöner reifer Riesling zeigt feine Noten von Steinobst, Mandarinen und Orangenzesten, verbunden mit einer feinen Säure die ideale Ergänzung zum Orangenmousse.

ARBEITSZEIT: 20 Minuten
SCHWIERIGKEITSGRAD: einfach
FÜR 4–6 PORTIONEN

ZUTATEN FÜR DIE MOUSSE
3 Bio-Orangen
200 g Joghurt (3,5 % Fett)
200 g Schlagobers
1 Vanilleschote
100 g Staubzucker
5 Blatt Gelatine
½ Bund Minze zum Garnieren

ZUTATEN FÜR DIE SAUCE
60 g Butter
2 EL Kakaopulver
70 g dunkle Schokolade (60 % Kakaoanteil)

ZUBEREITUNG

1. **Für die Mousse** Gelatine in ausreichend kaltem Wasser einweichen. Vanilleschote der Länge nach aufschneiden und Mark herausschaben. Schlagobers mit Vanillemark steif schlagen.
2. Schale von 2 Orangen abreiben und den Saft auspressen. Saft und Schale mit Staubzucker aufkochen und für 5 Minuten kochen lassen. Durch ein Sieb abseihen. Gelatine gut ausdrücken, dazugeben und bei kleiner Flamme in der Zuckermischung auflösen.
3. Erkalten lassen und währenddessen immer wieder mit einem Schneebesen oder einem Kochlöffel umrühren. Joghurt in die lauwarme Mischung einrühren. Anschließend das Schlagobers mit einem Kochlöffel vorsichtig unterheben.
4. Die Masse in 4 bis 6 Formen (Inhalt 150 ml) füllen, mit Frischhaltefolie abdecken und für mindestens 5 Stunden kalt stellen.
5. **Für die Garnitur** die dritte Orange abreiben und Orangenfilets herausschneiden.
6. **Für die Sauce** Schokolade mit Butter, Kakaopulver und 6 EL Wasser in einem Topf schmelzen lassen. Wenn die Sauce zu dickflüssig ist, einfach noch Wasser oder Milch dazugeben.
7. Formen kurz vor dem Servieren aus dem Kühlschrank nehmen, mit einem Messer am Rand einschneiden und auf Teller stürzen. Dazu kurz heftig rütteln, bis man hört, dass die Masse auf den Teller rutscht. Mit Schokoladesauce, Orangenfilets, Orangenschale und Minzeblättern anrichten.

TIPP
Wer Gelatine nicht mag, kann auch Agar-Agar verwenden.

„die quiche mit dem salat ist wirklich eine feine vorspeise. Ich mag gerne viel salat dazu."

christiane, wien

„mehr quiche bitte! das erinnert mich an mein studium in frankreich."

tom, wien

„ich habe für freundinnen das gesamte menü gekocht. den salat habe ich aber zur hauptspeise serviert, weil ich etwas gemüsiges wollte. dein salatdressing ist hervorragend – gelingt super leicht! und die nachspeise war ein toller abschluss! nur beim stürzen hatte ich probleme, aber geschmeckt hat es trotzdem."

petra, wien

„allen meinen gästen hat der dip sehr gut geschmeckt. eine freundin hat schon während des kochens gefragt: ‚was machst du da, was riecht hier so gut?'" sonja und florian, wien

„der braten hat sehr gut geschmeckt. mit etwas planung und der nötigen zeit kann mit diesem rezept sogar ein sporadischer koch große erfolge in der küche feiern. besonders toll fand ich die minze-orange-zitrone-mischung." jakob, wien

„die fleischmarinade war wirklich sehr lecker! eine sehr harmonische zusammenstellung." birgit, wien

Ablauf-planung

BIS 1 TAG VORHER

1. Orangenmousse herstellen
2. Mürbteig herstellen und kalt stellen
3. Linsenaufstrich zubereiten
4. Hühnerbrust marinieren

AM Tag SELBST

1. Mürbteig ausrollen und auf die Formen aufteilen.
2. Quichefülle vorbereiten
3. Zutaten für den Reis vorbereiten
4. Für die Nachspeise Schokoladesauce zubereiten und Orangenfilets zuchneiden.
5. Linsenaufstrich abschmecken
6. Salat und Dressing für die Vorspeise vorbereiten
7. Brot für den Aperitif grillen

30 MINUTEN BEVOR DIE GÄSTE DA SIND

1. Quiche backen
2. Reis zubereiten
3. Gemüse für den Aperitif schneiden

WENN DIE Gäste DA SIND

1. Linsendip nochmals umrühren, mit Fetakäse bestreuen und gemeinsam mit Gemüse und Brotstreifen servieren.
2. Truthahnbrust salzen und in den Ofen geben: 15 Minuten bei 200 °C, 15 Minuten bei 180 °C, 15 Minuten bei 160 °C
3. Salat für Quiche zubereiten und gemeinsam servieren.
4. Truthahnbrust nach ca. 50 bis 60 Minuten aus dem Ofen nehmen und noch 15 Minuten ruhen lassen. Sauce in einem Topf bei kleiner Temperatur einkochen. Falls der Saft für Ihren Geschmack zu dünnflüssig ist, dann können Sie 1 TL Maisstärke und 2 EL Wasser miteinander versprudeln, einrühren und einmal aufkochen lassen. Erst wenn der Bratensaft fertig ist, den Braten aufschneiden und gemeinsam mit Sauce und Reis servieren. Mit Petersilie bestreuen.
5. Schokoladesauce aufwärmen, Mousseformen am Rand mit einem Messer einschneiden und auf Teller stürzen und gemeinsam mit Schokoladesauce, Orangenfilets, Organgenschale und Minze servieren.

Chocolade
Manner
Wien

Einkaufsliste

Obst & Gemüse

6	Knoblauchzehen
2	Zwiebeln
4	Bio-Orangen
3	Bio-Zitronen
1	Chilischote
3	Karotten
1	Stangensellerie
200 g	frischer oder
150 g	TK-Blattspinat
50 g	Rucola
100 g	grüner Salat
3	Radieschen

Kräuter

2 Bund	Petersilie
1 Bund	Minze

Gewürze

2 EL	Kreuzkümmel
	frisch geriebene Musaktnuss
2 TL	Dijonsenf
1 TL	gemahlener Zimt
1 EL	Senfkörner
1	Vanilleschote
	Olivenöl
	Salz
	frisch gemahlener Pfeffer

Frischeprodukte

100 g	Schafkäse (Feta)
130 g	Ricotta
100 g	Butter
150 g	Sauerrahm
250 g	Schlagobers
200 g	Joghurt (3,5 % Fett)
3	Eier
50 g	deftiger Käse (z. B. Bergkäse)

Fisch & Fleisch

700 g	Truthahnbrust

Trockenzutaten

120 g	rote Linsen
12	in Öl eingelegte Tomaten
2–3 große Scheiben	Schwarzbrot
200 g	glattes Weizenmehl
50 g	Pinienkerne
1 TL	Kristallzucker
1 EL	Honig
2 EL	Ahornsirup
240 g	Basmatireis
80 g	Erdnüsse
2 EL	Kakaopulver
100 g	Staubzucker
5 Blatt	Gelatine oder Agar-Agar
70 g	dunkle Schokolade (60 %)
	eventuell Oliven für den Aperitif

GEFLÜGEL
Puten Schnitzel
€ 6,90
GEFLÜGEL
ober Keule

Menü
Mai
Saiblingfilets
in Limettensauce mit rosa Pfeffer
Tomaten-Basilikum-Ciabatta
Frühlingsminestrone
mit Petersilien-Zitronen-Pesto
Gnocchi mit Mohnbutter
und fruchtigem Salat
Millefeuille
mit Beeren-Mascarpone-Creme
Zur geheimen Schnatterei

„… witzig, wenn deine freundin als ‚schnatter-köchin' durch die eigene küche fegt …

… überrascht, welche köstlichkeiten bianca aus dem kochtopf zaubert …

… beeindruckt, mit welchem geschick sie die zeitliche abfolge des menüs meistert …

… gespannt, wie der abend verlaufen wird …

… neugierig auf die geladenen unbekannten gäste, die gut gelaunt dein zuhause betreten …

… beruhigt und entspannt, wenn sich alle gut unterhalten und die ‚schnatterei' genießen …

DANKE für diesen einzigartigen gelungenen abend!"

Zu Gast bei

Kerstin und Lena
Linz

Saiblingfilets in Limettensauce mit rosa Pfeffer und Tomaten-Basilikum-Ciabatta

Am Fischmarkt in Manila habe ich erstmals Fisch gegart in Zitronensaft gegessen und war davon begeistert. Später ist mir „Ceviche" auch in Israel und Guatemala wieder untergekommen, da habe ich mich dann fast ausschließlich davon ernährt, weil es herrlich erfrischend ist und diese Garmethode die Konsistenz des Fischs oder der Meeresfrüchte kaum verändert. Rosa Pfeffer, eigentlich ist das ja gar kein Pfeffer, hat einen tollen Geschmack und schmeckt in Kombination mit Fisch ganz ausgezeichnet.

WEINEMPFEHLUNG: Leichte Rieslinge, etwa aus der Wachau: Der Riesling spiegelt die Zitrusaromen der Limettensauce wider, und der Urgesteinsboden der Wachau wird eine schöne Würze zum rosa Pfeffer bieten.

ARBEITSZEIT: 40–50 Minuten
SCHWIERIGKEITSGRAD: einfach
FÜR 4 PORTIONEN

ZUTATEN FÜR DEN FISCH
2–3 Saibling- oder Forellenfilets
ohne Haut (250–300 g)
2 Limetten
¼ Bund Petersilie
1–2 TL rosa Pfeffer
Salz
Olivenöl

ZUBEREITUNG
1. Petersilie waschen, trocknen und fein hacken. Limetten auspressen.
2. Die Filets in sehr dünne Scheiben (2–5 mm) schneiden und in eine kleine Schüssel geben.
3. Filets mit zwei Prisen Salz, Hälfte der Petersilie, 3 EL Olivenöl sowie dem Limettensaft gut durchmischen und mindestens 20 bis 30 Minuten kühl stellen. Zwischendurch den Fisch ein- bis zweimal durchmischen.
4. Rosa Pfeffer grob mörsern.
5. Fischmarinade abschmecken, eventuell noch salzen und etwas Olivenöl dazugeben.
6. Fisch mit Mariande auf kleinen Tellern anrichten und mit restlicher Petersilie und rosa Pfeffer bestreuen. Dazu Ciabatta reichen.

ZUTATEN FÜR DIE CIABATTA
Vorteig
1 TL Trockengerm
25 g glattes Weizenmehl

Hauptteig
½ Bund Basilikum
½ Pkg. Trockengerm
250 g glattes Weizenmehl
1 TL Salz
100 g in Öl eingelegte,
getrocknete Tomaten
Olivenöl

ZUBEREITUNG
1. **Für den Vorteig** Germ mit 25 ml Wasser gut vermischen und mit Mehl verrühren. Teig mit einem Geschirrtuch zudecken und bei Raumtemperatur mindestens 3 Stunden oder über Nacht gehen lassen.
2. Tomaten abgießen, Öl auffangen und Tomaten sowie Basilikum fein hacken.
3. **Für den Hauptteig** Mehl mit Germ und Salz gut verrühren. Anschließend den Vorteig, 2 EL Olivenöl (von den Tomaten) sowie 130 ml lauwarmes Wasser dazurühren und mit dem Knethacken der Küchenmachine oder von Hand kneten.
4. Zum Schluss Tomaten und Basilikum unterrühren.
5. Teig einölen und mit einem Geschirrtuch zugedeckt nochmals 1 bis 1 ½ Stunden stehen lassen.
6. Anschließend Teig nochmals durchkneten, halbieren und in Streifen (5–8 cm breit, 25–30 cm lang) ziehen. Auf ein mit Backpapier ausgelegtes Backblech legen und nochmals 30 Minuten rasten lassen.
7. Backofen auf 200 °C vorheizen und etwa 30 Minuten backen. Unter das Backblech ein kleines Gefäß mit Wasser stellen.

TIPP
Beim Fisch kann statt Petersilie auch Minze oder Koriander verwendet werden.

Frühlingsminestrone mit Petersilien-Zitronen-Pesto

Ich kann mich noch sehr gut erinnern, als ich bei einer Freundin das erste Mal Minestrone gegessen habe und vom Geschmack der Tomaten und der Kombination von Gemüse und Nudeln begeistert war. Diese italienische Spezialität ist ein schöner Frühlingsgruß und macht Vorfreude auf den bevorstehenden Urlaub. Das Pesto gibt der Suppe noch den richtigen Pepp, und wenn noch etwas von der Ciabatta übrig sein sollte, dann servieren Sie das einfach jetzt zur Gemüsesuppe.

WEINEMPFEHLUNG: Muskat oder Gelber Muskateller, beispielsweise aus der Südsteiermark: Die feinen Muskat- und Zitrusnoten verbunden mit feiner Säure sind ein spannender Begleiter zum Pesto.

ARBEITSZEIT: 30–40 Minuten
SCHWIERIGKEITSGRAD: einfach
FÜR 4–6 PORTIONEN

ZUTATEN FÜR DIE SUPPE

½ kleiner Karfiol
1 Karotte
¼ Sellerieknolle
50 g Erbsen
1 kleine Lauchstange
2 Knoblauchzehen
2 Tomaten
3 EL Tomatenmark
50 g Spaghetti
2 Lorbeerblätter
Salz, frisch gemahlener Pfeffer
Olivenöl

ZUBEREITUNG

1. Tomaten mit einem kleinen Messer kreuzweise einschneiden und in einem Topf mit heißem Wasser 2 bis 3 Minuten blanchieren. Mit eiskaltem Wasser abschrecken, schälen und in kleine Stücke schneiden.
2. Lauch waschen und in feine Ringe schneiden. Knoblauch schälen und in feine Scheiben schneiden. Karotten und Sellerie ebenfalls schälen und in ca. 5 mm dicke Scheiben bzw. Würfel schneiden. Karfiol waschen und in kleine Röschen teilen.
3. In einem hohen Topf 5 EL Olivenöl erhitzen und Lauch ca. 5 Minuten glasig anschwitzen, aber nicht braun werden lassen. Tomaten und Tomatenmark dazugeben und kurz mitrösten.
4. Mit etwa 1,3 l Wasser aufgießen und aufkochen lassen. 1 bis 2 TL Salz, Lorbeerblätter und Pfeffer dazugeben.
5. Sobald die Suppe kocht, Karfiol, Karotte, Sellerie sowie Lauch zufügen und 5 bis 8 Minuten köcheln lassen. Die Nudeln brechen, dazugeben und in der Suppe al dente (siehe Verpackung) kochen. 2 Minuten vor Ablauf der Kochzeit die Erbsen zufügen. Vor dem Servieren nochmals aufkochen lassen. **Achtung:** Gemüse nicht überkochen, sondern es lieber noch bissfest servieren.
6. Suppe mit einem Teelöffel Pesto servieren.

ZUTATEN FÜR DAS PESTO

40 g geriebener Parmesan
1 Bund Petersilie
1 Knoblauchzehe
1 Bio-Zitrone
30 g Pinienkerne
Salz, frisch gemahlener Pfeffer
Olivenöl

ZUBEREITUNG

1. Petersilie waschen, trocknen und abzupfen. Zitronenschale abreiben und Saft auspressen. Knoblauch schälen und grob schneiden.
2. Pinienkerne in einer Pfanne ohne Fett rösten. **Achtung:** Pinienkerne beim Rösten nicht aus den Augen lassen, da sie schnell anbrennen.
3. Petersilie, Knoblauch, Pinienkerne, 3 EL Olivenöl, Zitronenschale sowie 2 EL Zitronensaft pürieren. Parmesan dazugeben, gut umrühren, anschließend salzen und pfeffern.

Gnocchi mit Mohnbutter und fruchtigem Salat

Selbst gemachte Gnocchi sind einfach ein Hit! Gekaufte können da einfach nicht mithalten. Sie sollten die Gnocchi unbedingt ausprobieren und wie in diesem Rezept vorgeschlagen mit Mohnbutter und viel Parmesan oder einem guten Tomatensugo servieren.

WEINEMPFEHLUNG: Ein leichter Traminer oder halbtrockener Muskat-Ottonel, etwa aus dem Neusiedlersee-Hügelland, könnte zwar eine gewagte, aber dafür spannende Kombination zu diesem Gericht sein.

ARBEITSZEIT: 40–60 Minuten
SCHWIERIGKEITSGRAD: mittel
FÜR 4–6 PORTIONEN

ZUTATEN FÜR DIE GNOCCHI

200 g Ricotta
50–80 g Parmesan
1 Ei
100 g Butter
800 g festkochende Kartoffeln
200–300 g glattes Weizenmehl
50 g Mohn
Salz

ZUTATEN FÜR DEN SALAT

1 grüner Salat
1 Bund Radieschen
100 g Himbeeren
Balsamicoessig
2–3 TL Dijonsenf
Salz, frisch gemahlener Pfeffer
Olivenöl

ZUBEREITUNG

1. **Für die Gnocchi** ungeschälte Kartoffeln in kochendem Salzwasser etwa 30 Minuten garen, bis sie weich sind. Abgießen und abkühlen lassen. In noch warmem Zustand schälen und durch eine Kartoffelpresse drücken.
2. Eidotter, Ricotta und Mehl dazumischen und zu einem glatten Teig kneten. Falls der Teig auf der Arbeitsfläche festklebt, etwas Mehl dazugeben. Falls er zu trocken ist, ein wenig Eiklar zufügen.
3. Auf einer bemehlten Arbeitsfläche den Teig vierteln und ca. 1 cm dicke Schlangen formen. Jeweils in 2 cm dicke Stücke schneiden und mithilfe einer Gabel flach drücken.
4. Einen großen Topf mit Salzwasser zum Kochen bringen. Gnocchi langsam hineingeben. Wenn sie an die Oberfläche steigen, mit einem Knödel- bzw. Lochschöpfer herausnehmen und in ein Sieb geben. Mit ausreichend Wasser durchspülen.
5. Teller im Backofen bei 100 °C ca. 10 Minuten vorwärmen.
6. **Für den Salat** die Radieschen waschen und in feine Scheiben schneiden.
7. Die Hälfte der Himbeeren, 6 EL Olivenöl, 3 EL Wasser, 2 bis 3 TL Senf, 3 EL Balsamicoessig, ¼ TL Salz und Pfeffer mit einem Pürierstab zu einem sämigen Dressing verarbeiten. Nach Geschmack nochmals salzen und pfeffern.
8. Kurz vor dem Servieren den abgetropften Salat, restliche Himbeeren und Radieschen mit dem Dressing gut vermischen. Salat in kleinen Schüsseln servieren.
9. In einer Pfanne Butter schmelzen, 2 bis 3 EL Wasser dazugießen und Mohn darin anrösten. Parmesan reiben.
10. Gnocchi in der Butter schwenken, auf den vorgewärmten Tellern verteilen und mit Parmesan und Pfeffer bestreuen.

Millefeuille mit Beeren-Mascarpone-Creme

Tausend Blätter sagen mehr als tausend Worte. Millefeuille bedeutet auf Französisch tausend Blätter und bezieht sich auf den verwendeten Blätterteig. Das ist der einzige Teig, den ich nicht selber mache, da die Zubereitung sehr arbeitsintensiv ist und es im Handel vergleichsweise guten Blätterteig zu kaufen gibt. Ich habe noch niemanden getroffen, dem diese Nachspeise nicht schmeckt. Sollten Sie jemanden kennen, dann lassen Sie es mich bitte wissen!

WEINEMPFEHLUNG: Eine Zweigeltauslese oder -beerenauslese: Die rotfruchtigen Noten des Süßweines und die feine Säure sollten wunderbar mit den Beeren und der Creme harmonieren.

ARBEITSZEIT: 20–30 Minuten
SCHWIERIGKEITSGRAD: einfach
FÜR 4 PORTIONEN

ZUTATEN

1 Pkg. Blätterteig
1 Ei
200 g Mascarpone
150 g Schlagobers
1 Bio-Zitrone
100–200 g frische Beeren (Himbeeren, Heidelbeeren, oder Erdbeeren)
1 Vanilleschote oder 1 Pkg. Vanillezucker
1 Pkg. Sahnesteif
60 g Kristallzucker
Staubzucker zum Bestreuen

ZUBEREITUNG

1. Backofen auf 180 °C vorheizen. Ei mit einer Gabel verquirlen.
2. Teig ausbreiten und in 12 etwa gleich große quadratische Teile schneiden. Auf ein mit Backpapier ausgelegtes Blech legen, mit Ei bestreichen und jedes Teigstück mehrmals mit einer Gabel einstechen, damit der Teig keine Blasen wirft. Ungefähr 10 Minuten im Backofen backen, bis sie schön goldbraun, aber nicht zu dunkel sind.
3. Bei Verwendung einer Vanilleschote, diese der Länge nach aufschneiden und das Mark herausschaben. Schlagobers mit Sahnesteif und Vanille steif schlagen. Zitronenschale abreiben und mit Mascarpone und Zucker verrühren. Schlagobers mit einem Kochlöffel unter die Mascarponecreme heben.
4. Kurz vor dem Servieren mit jeweils 3 Teigblättern einen Turm bauen. Dafür die ersten beiden Teigblätter auf einer Seite mit Creme bestreichen, mit Beeren belegen und übereinander stapeln. Mit dem dritten Teigblatt abdecken und mit Staubzucker bestreuen. Restliche Beeren als Dekoration verwenden.

„mich hat überrascht, dass mohn und parmesan so genial harmonieren!"

ulli, linz

„trotz der köstlichen Speisen zuvor, haben mir meine gäste die nachspeise förmlich aus den händen gerissen und konnten nicht genug davon bekommen. alles sehr einfach zu kochen und sehr köstlich gewesen. das salatdressing wirklich vorzüglich."

michael, wien

„das petersilien-zitronen-pesto ist ein geheimtipp! Habe zum ersten mal kartoffelteig gemacht und war überrascht, wie einfach das ist und wie gut selbst gemachte gnocchi schmecken. die nachspeise – ein traum. Obwohl meine damen von den anderen gängen schon ziemlich satt waren, bildete die millefeuille einen krönenden abschluss."

sonja, wien

„das maimenü ist ein überaus kreatives und höchst geschmackvolles … insgesamt eine runde sache, die vorfreude auf mehr macht."

alexandra, linz

„besonders fasziniert haben mich die neuen kombinationen, die nicht nur experimentell, sondern auch geschmacklich ausgezeichnet waren. beispielsweise das petersil-pinienkern-pesto in der minestrone oder das himbeerdressing im salat waren sehr gut. am spannensten und wirklich hervorragend ist die mischung von parmesan und mohn bei den gnocchi."

bernhard, linz

„ein mailich erfrischendes mahl. herausstechend: der mutige hauptgang. umgarnt von verdammt leckeren grünvariationen und ‚der' früchteüberraschung."

christian, salzburg

„für mich als koch hatte die nachspeise das beste verhältnis von aufwand und wirkung: ist schnell und einfach zu machen, schaut toll aus und schmeckt sehr gut. die vorspeise erfrischend sommerlich und die ciabatta sehr gut!"

elmar, wien

Ablaufplanung

BIS 1 TAG VORHER

1. Vorteig für Ciabatta vorbereiten und mit einem Geschirrtuch zudecken.
2. Petersilien-Zitronen-Pesto zubereiten

AM Tag SELBST

1. Ciabatta-Teig vorbereiten
2. Gnocchi zubereiten, gut mit warmem Wasser durchspülen und beiseitestellen.
3. Minestrone zubereiten, aber Gemüse nur die Hälfte der Kochzeit (ca. 5 Minuten) kochen, damit es noch knackig ist.
4. Salbling marinieren und kalt stellen.
5. Rosa Pfeffer mörsern
6. Salat und Dressing vorbereiten
7. Blätterteig backen und Mascarponecreme zubereiten, Creme kalt stellen.
8. Frischen Parmesan reiben

30 MINUTEN BEVOR DIE GÄSTE DA SIND

1. Ciabatta backen und warm mit dem Fisch servieren.
2. Fischmarinade abschmecken und eventuell nachwürzen. Fisch auf kleine Teller verteilen und mit rosa Pfeffer bestreuen.

WENN DIE Gäste DA SIND

1. Suppe aufwärmen und mit Pesto und aufgeschnittener Ciabatta servieren.
2. Teller für die Gnocchi bei 100 °C im Backofen vorwärmen
3. Mohnbutter zubereiten. Gnocchi in Mohnbutter schwenken, bis sie warm sind und mit geriebenem Parmesan bestreuen.
4. Salat gut mit dem Dressing vermischen und in kleinen Schüsseln servieren.
5. Blätterteig mit Mascarponecreme bestreichen und mit Beeren füllen. Schmatz, da wird wahrscheinlich mehr als nur eine Portion benötigt.

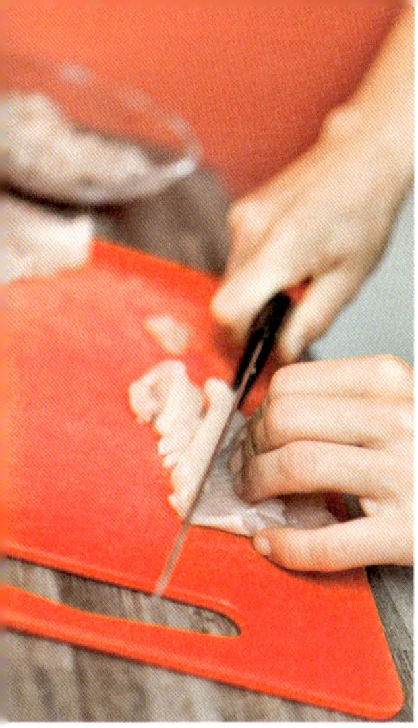

Zur geheimen Schnatterei

Einkaufsliste

Obst & Gemüse

2	Bio-Zitronen
2	Limetten
½	kleiner Karfiol
1	Karotte
¼	Sellerieknolle
1	kleine Lauchstange
3	Knoblauchzehen
2	Tomaten
800 g	festkochende Kartoffeln
1	grüner Salat
1 Bund	Radieschen
100 g	Himbeeren
100–200 g	frische Beeren (Him-, Heidel- oder Erdbeeren)

Kräuter

1 ¼ Bund	Petersilie
½ Bund	Basilikum

Gewürze

2 TL	rosa Pfeffer
2	Lorbeerblätter
2–3 TL	Dijonsenf
1	Vanilleschote oder
1 Pkg.	Vanillezucker
	Balsamicoessig
	Olivenöl
	Salz
	frisch gemahlener Peffer

Frischeprodukte

50 g	frische oder TK-Erbsen
120 g	Parmesan ganz
200 g	Ricotta
2	Eier
100 g	Butter
1 Pkg.	Blätterteig
200 g	Mascarpone
150 g	Schlagobers

Fisch & Fleisch

2–3	Saibling- oder Forellenfilets ohne Haut (250–300 g)

Trockenzutaten

1 TL	Trockengerm
580 g	glattes Weizenmehl
100 g	in Öl eingelegte Tomaten
3 EL	Tomatenmark
50 g	Spaghetti
30 g	Pinienkerne
50 g	ganze Mohnsamen
1 Pkg.	Sahnesteif
60 g	Kristallzucker
	Staubzucker zum Bestäuben

MEHLIG
0,70
3KG

REILAND-
EIER

Südfrüchte und Gemüse

2,50
Süsse
Erdbeer!
3,90

Menü
Juni
Karotten-Kartoffel-Puffer
Schafkäsetopping
Joghurt-Erbsen-Suppe
Haselnussbaguette
Honig-Thymian-Huhn
gegrillte Paprika und Quinoa
Überbackene Schokomousse
marinierte Erdbeeren
Zur geheimen Schnatterei

„ich liebe gutes essen und interessante gesellschaft. interessiere mich für architektur und einrichtung. ein abend mit der ‚geheimen schnatterei' macht das alles möglich: ich darf der köchin zuschauen, danach mit viel genuss konsumieren und lerne dabei viele interessante menschen kennen. mir gefällt es, dass ich in wohnungen von unbekannten gastgebern eingeladen bin und die liebevoll vorbereiteten tafeln bewundern kann. ein genuss für alle sinne, daher empfehle ich wirklich allen geheim zu schnattern!"

Zu Gast bei

Karin
im 3., Wien

Karotten-Kartoffel-Puffer mit Schafkäsetopping

In meiner Kindheit haben wir es geliebt, Kartoffelpuffer mit frischem Salat zu essen, da die Puffer so herrlich knusprig sind. In dieser kleinen Version habe ich Karotten dazugegeben, aber man könnte auch Sellerie oder Zucchini verwenden. Der Kreuzkümmel „pimpt" die Puffer und ist eine schöne geschmackliche Vorbereitung auf die Vorspeise. Wenn man Kreuzkümmel nicht mag, kann man ihn selbstverständlich auch weglassen oder durch ein anderes Gewürz, wie beispielsweise Koriander oder Fenchel, ersetzen. Das Topping mit Schafkäse und Zitrone verleiht dem Ganzen noch eine sommerliche Frische.

WEINEMPFEHLUNG: Leichte Weißweine wie Grüner Veltiner oder Chardonnay, beispielsweise aus dem Kremstal: Die angenehme Säure wird gut mit dem Schafkäse harmonieren.

ARBEITSZEIT: 30 Minuten
SCHWIERIGKEITSGRAD: einfach
FÜR 4 PORTIONEN

ZUTATEN

1–2 Eier
150 g Schafkäse
250 g Karotten
250 g Kartoffeln
2 Knoblauchzehen
3 Frühlingszwiebeln
2 EL Minze oder Petersilie
1 Bio-Zitrone
1–2 EL glattes Weizenmehl
1 EL Kreuzkümmel
Salz, frisch gemahlener Pfeffer
Oliven- oder Sonnenblumenöl

ZUBEREITUNG

1. **Für die Puffer** Karotten und Kartoffeln schälen und getrennt fein reiben. Kartoffeln etwas stehen lassen und mit den Fingern gut ausdrücken.
2. Kreuzkümmel in einer Pfanne trocken, ohne Zugabe von Fett rösten und grob mörsern.
3. Frühlingszwiebeln fein schneiden. Knoblauch schälen und mit der Knoblauchpresse zerdrücken.
4. Karotten, Kartoffeln, Frühlingszwiebeln, Knoblauch, Kreuzkümmel, Mehl und Ei(er) gut vermischen. Mit Salz und Pfeffer abschmecken.
5. Eine Pfanne mit Öl bedecken und erhitzen. Wenn das Öl heiß genug ist und prasselt, einen ersten Probepuffer machen und schauen, ob die Konsistenz passt. Mit Teelöffeln die Masse in das heiße Fett setzen und flach drücken. Auf beiden Seiten knusprig braun braten und auf Küchenpapier abtropfen lassen. Wenn die Konsistenz fester sein soll, entweder Mehl oder noch ein Ei dazugeben.
6. **Für das Topping** Zitronenschale fein abreiben, Minze oder Petersilie fein hacken und Schafkäse mit den Fingern fein zerbröseln. Alle Zutaten miteinander vermischen und auf den ausgekühlten Puffern verteilen.

TIPP

Wenn Sie anstelle der Karotten Zucchini verwenden, dann sollten sie diese wie die geriebenen Kartoffeln abtropfen lassen und gut ausdrücken.

Joghurt-Erbsen-Suppe mit Haselnussbaguette

Auf meiner letzten Reise nach Marokko habe ich eine herrliche Joghurtsuppe mit Karfiol gegessen. Ich habe bei meinem Rezept den Karfiol durch Erbsen ersetzt: Beide Gemüsesorten passen hervorragend. Nachdem ich ziemlich auf geröstete Haselnüsse stehe, wollte ich sie auch in einem Brot verwenden und habe ein Baguette ausprobiert, das bei meinen Gästen, Köchinnen und Köchen extrem gut angekommen ist. Sylvia hat noch Salzbutter dazu serviert und meinte, das sei eine tolle Kombination.

WEINEMPFEHLUNG: Leichte Grüner Veltliner mit nicht zu kräftiger Säure, beispielsweise vom Wagram, werden gut mit den feinen Gemüsenoten harmonieren.

ARBEITSZEIT: 40–50 Minuten
SCHWIERIGKEITSGRAD: einfach
FÜR 4–6 PORTIONEN

ZUTATEN FÜR DIE SUPPE
400 g griechisches Joghurt (300 g für die Suppe, 100 g für die Garnitur)
500 g TK-Erbsen
1 Eidotter
2 Karotten
½ Sellerie
1 Zwiebel
½ Bio-Zitrone
2 Knoblauchzehen
3 EL Minze oder Petersilie
1 TL Maisstärke
10 Pfefferkörner
2 Lorbeerblätter
1 EL Fenchelsamen
Salz, frisch gemahlener Pfeffer
Sonnenblumen- oder Olivenöl

ZUBEREITUNG
1. Als Basis wird eine klare Gemüsesuppe verwendet, die gut im Voraus zubereitet werden kann. **Für die Gemüsesuppe** einen Topf mit 2 EL Öl erhitzen. Zwiebel ungeschält der Breite nach halbieren und mit der Schnittfläche nach unten im Öl anbraten, bis die Schnittfläche der Zwiebel dunkelbraun ist.
2. Sellerie und Karotten schälen, in 2 bis 3 Stücke schneiden und zu der Zwiebel geben. Das Ganze mit ca. 800 ml Wasser aufgießen. 1 TL Salz, Pfefferkörner und Lorbeerblätter dazugeben. Suppe einmal aufkochen und dann ca. 40 Minuten köcheln lassen und abgießen.
3. **Für die Erbsensuppe** eine Knoblauchzehe schälen und in feine Scheiben schneiden. Minze oder Petersilie fein hacken.
4. 2 EL Olivenöl in einem Topf erhitzen und Knoblauch anbraten. Die Erbsen und die frischen Kräuter dazugeben (etwas für die Garnitur zurückbehalten), mit 300 ml Suppe aufgießen und ca. 15 Minuten garen lassen.
5. Fenchelsamen in einer Pfanne trocken rösten und mörsern.
6. Den Eidotter mit Speisestärke in einer großen Schüssel glatt rühren und 300 g Joghurt mit dem Schneebesen untermischen. 300 ml der erkalteten Gemüsesuppe in die Joghurtmischung einrühren.
7. Erbsensuppe mit dem Pürierstab fein pürieren. **Achtung:** Nun die Joghurtmischung langsam einrühren und weiter köcheln, aber nicht kochen lassen.
8. Mit Fenchelsamen, Salz und Pfeffer würzen.
9. Die noch vorhandene Knoblauchzehe in das restliche Joghurt pressen und mit der Schale der halben Zitrone vermischen.
10. Suppe mit Joghurt und restlicher Minze oder Petersilie servieren.

ARBEITSZEIT: 20 Minuten
SCHWIERIGKEITSGRAD: einfach
FÜR 4–6 PORTIONEN

ZUTATEN FÜR DAS HASELNUSSBAGUETTE
500 g Dinkelmehl
100 g geröstete Haselnüsse
1 Pkg. Trockengerm
2 TL Salz
1 TL Kristallzucker
300 ml lauwarmes Wasser

ZUBEREITUNG
1. Backofen auf 150 °C vorheizen und Haselnüsse auf einem Blech ca. 15 Minuten rösten. Die Haselnüsse aus dem Backofen nehmen und abkühlen lassen. Sobald sie kalt sind, die Schale mit den Handflächen abreiben und grob hacken.
2. Für den Teig Mehl mit Germ, Haselnüssen, Salz und Kristallzucker vermischen. Dann langsam das lauwarme Wasser zugießen und ca. 5 Minuten mit dem Mixer, der Küchenmaschine oder mit den Händen kneten. Der Teig soll so eine kompakte Konsistenz haben, dass er nicht mehr auf der Arbeitsfläche oder an den Fingern kleben bleibt.
3. Teig mit etwas Mehl bestäuben, mit einem Geschirrtuch zudecken und mindestens eine Stunde an einem kühlen Ort rasten lassen oder über Nacht in den Kühlschrank stellen.
4. Backofen auf 200 °C vorheizen.
5. Teig in drei gleiche Stücke teilen. Auf einer bemehlten Arbeitsfläche in die Länge ziehen und dreimal spiralförmig eindrehen. Auf ein mit Backpapier ausgelegtes Blech legen und nochmals leicht mit Mehl bestauben.
6. Baguette zuerst 15 Minuten bei 200 °C, dann weitere 15 Minuten bei 180 °C backen. **Wichtig:** Zwischendurch immer mit Wasser besprühen.

Honig-Thymian-Huhn mit gegrillten Paprika und Quinoa

Ich mag die Kombination süß-sauer sehr gerne, insbesondere Honig mit Thymian und Hühnerfleisch harmonieren sehr gut. Wichtig ist, dass man das Fleisch nicht bereits beim Marinieren salzt, sondern erst kurz vor dem Braten, damit es schön saftig bleibt. Das Huhn erst in den Backofen geben, wenn die Vorspeise serviert wird. Es gibt nichts Schlimmeres als ausgetrocknetes Hühnerfleisch. Der Quinoa-Paprika-Salat hat aufgrund der gegrillten roten Paprika eine natürliche Süße, und der Zitronensaft macht den Salat spritzig. Falls Quinoa nicht zu bekommen ist, kann man stattdessen auch eine Mischung aus Basmati und Wildreis verwenden.

WEINEMPFEHLUNG: Mittelkräftige Weiß- oder Grauburgunder, etwa aus der Steiermark, werden wunderbar mit den feinen Kräuter- und Fruchtaromen der Speise harmonieren, die feine Säure wird den Honig balancieren.

ARBEITSZEIT: 40–50 Minuten
SCHWIERIGKEITSGRAD: einfach
FÜR 4 PORTIONEN

ZUTATEN

600 g Hühnerbrust ohne Haut
3 Paprika (rot, gelb)
2 Knoblauchzehen
3 Frühlingszwiebeln
1/2 Bund Petersilie
1 Bund Thymian
2 Bio-Zitronen
3 EL Honig
250 g Quinoa
Salz, frisch gemahlener Pfeffer
Olivenöl

ZUBEREITUNG

1. Backofen auf 200 °C vorheizen.
2. **Für die Fleischmarinade** 3 EL Honig, Zitronenschale von einer Zitrone, drei Viertel des Thymians, Knoblauch, Pfeffer, 2 EL Olivenöl und 50 ml Wasser (oder Gemüsesuppe von der Vorspeise) mit einem Pürierstab vermischen. Hühnerbrust darin einlegen und im Kühlschank mindestens eine Stunde, am besten aber über Nacht marinieren.
3. Paprika der Länge nach halbieren, entkernen und mit der Schnittfläche nach unten in eine Auflaufform legen. Paprika im vorgeheizten Backofen ca. 20 Minuten grillen, bis die Haut braun ist und Blasen wirft. Die heißen Paprikahälften in einen Tiefkühlbeutel geben, verschließen und abkühlen lassen. Durch den Dampf, der sich im Beutel bildet, löst sich die Haut und kann dann einfacher geschält werden.
4. Backofen auf 200 °C vorheizen.
5. Quinoa in der doppelten Wassermenge einmal aufkochen lassen und bei kleiner Stufe 12 Minuten köcheln lassen. Wasser leicht salzen und den Quinoa im zugedeckten Topf 10 bis 15 Minuten ziehen lassen.
6. Hühnerbrust salzen und zur Marinade 150 ml Wasser dazugießen. Das Fleisch mit der Marinade in einer Auflaufform oder am Backblech zuerst 10 Minuten bei 200 °C, dann 20 Minuten bei 180 °C grillen.
   Wichtig: Zwischendurch immer wieder mit Wasser oder Gemüsesuppe aufgießen, damit Fleischsaft entsteht.
7. Frühlingszwiebeln und Petersilie fein hacken. Die Haut der abgekühlten Paprika mit einem kleinen Gemüsemesser abziehen und in feine Streifen schneiden.
8. Quinoa mit Paprika, Frühlingszwiebeln, Zitronenschale von einer Zitrone, Zitronensaft, Petersilie und 1–2 EL Olivenöl vermischen. Mit Salz und Pfeffer abschmecken.
9. Hühnerbrust in Scheiben schneiden, mit Quinoasalat servieren und mit frischem Thymian bestreuen.

Überbackene Schokomousse mit marinierten Erdbeeren

Tanja, eine Qualitätsköchin, meinte: ein Hammerdessert! Mehr gibt es dazu wohl auch nicht zu sagen. Die Erdbeeren können natürlich durch andere Beeren ersetzt werden, und wer Eis gerne mag oder Gäste an einem sehr heißen Sommerabend eingeladen hat, sollte noch gutes Vanilleeis einkaufen, um seine Gäste vollends glücklich zu machen.

WEINEMPFEHLUNG: Uhudlersekt oder -auslese, zum Beispiel aus dem Südburgenland: Diese Spezialität mit den tiefen Walderdbeernoten und dem feinen Prickeln wird sich perfekt mit den marinierten Erdbeeren vertragen.

ARBEITSZEIT: 20–30 Minuten
SCHWIERIGKEITSGRAD: einfach
FÜR 4–6 PORTIONEN

ZUTATEN

3 Eier
250 g Schlagobers
80 g Butter
500 g Erdbeeren
½ Bio-Zitrone
1 Bio-Orange
½ Bund Minze
125 g dunkle Schokolade (60–70 % Kakaoanteil)
80 g Braunzucker
2 Pkg. Vanillezucker
60 g gemahlene Walnüsse

ZUBEREITUNG

1. Schokolade mit der Butter im Wasserbad schmelzen lassen. Dafür einen kleinen Topf in einen großen Topf stellen, der mit 35 bis 40 °C warmem Wasser gefüllt ist.
2. Backofen auf 180 °C vorheizen und 4 bis 6 kleine Auflaufformen zu je 150 ml (zum Beispiel Weckgläser) vorbereiten. Wenn man die Mousse stürzen möchte, sollte man die Auflaufformen mit Backpapier auslegen.
3. Sobald die Schokolade geschmolzen ist, den Topf aus dem Wasserbad nehmen und Walnüsse, Braunzucker und 1 Pkg. Vanillezucker einrühren.
4. Eier trennen und Eiklar mit einer Prise Salz steif schlagen. Eidotter langsam in die Schokolademasse einrühren. **Achtung:** Den Eischnee mit einem Kochlöffel vorsichtig unterheben.
5. Masse ⅔ hoch (geht noch auf) in die Formen gießen und ca. 20 Minuten backen.
6. Erdbeeren vierteln oder halbieren und mit Zitronen- und Orangensaft marinieren. Minze fein hacken und unter die Erdbeeren mischen.
7. Schlagobers steif schlagen und mit restlichem Vanillezucker süßen.
8. Mousse mit Schlagobers und marinierten Erdbeeren servieren.

„danke für den netten abend und die tolle bewirtung! ich verfolge das projekt mit großer spannung und freue mich schon auf das buch!" michaela, gols

„ich war sehr skeptisch, ob quinoasalat ohne balsamicoessig gut schmecken kann und war überrascht, wie gut der zitronensaft dazu passt! war wirklich super lecker." tanja, linz

„das haselnussbaguette ist wirklich herrlich! es passt sehr gut zur suppe, aber sicher auch zu vielen anderen speisen oder auch zu einer käsejause gut." roland, wien

„wir haben das übrig gebliebene joghurt von der suppe auch noch zum fleisch gegessen und das hat super zusammengepasst. für die marinade beim fleisch hätten wir uns auch noch chilischärfe gut vorstellen können. ich habe das Fleisch erst vor dem servieren mit etwas fleur de sel gesalzen.“ sylvia, wien

„die kartoffel-karotten-puffer waren wirklich sehr gut, und der käse mit zitrone sehr erfrischend. ich habe Schafkäse vom Bauern verwendet, und der hat auch sehr gut dazu gepasst. das baguette war super! sehr einfach und sehr lecker!“ priska, weyer

Ablaufplanung

BIS 1 TAG VORHER

1. Klare Gemüsesuppe für die Vorspeise kochen
2. Haselnüsse für das Baguette rösten
3. Teig für Baguette machen
4. Huhn marinieren und kühl stellen
5. Schokomousse zubereiten

AM Tag SELBST

1. Karotten-Kartoffel-Puffer zubereiten
2. Schafskäsetopping vorbereiten
3. Paprika für die Hauptspeise grillen
4. Baguette backen
5. Erbsensuppe kochen, aber **Achtung:** nicht aufkochen lassen
6. Quinoa kochen und auskühlen lassen. Zutaten für den Salat schneiden und zubereiten.
7. Marinierte Erdbeeren vorbereiten und kalt stellen.

30 MINUTEN BEVOR DIE GÄSTE DA SIND

1. Karotten-Kartoffel-Puffer mit Schafkäse-topping anrichten
2. Schlagobers schlagen und kühl stellen
3. Backofen für das Huhn vorheizen
4. Schokomousse bei Raumtemperatur aufbewahren

WENN DIE Gäste DA SIND

1. Aperitif servieren
2. Sobald die Suppe serviert ist, das Huhn in den Backofen geben und Zeituhr stellen.
3. Huhn mit Quinoa-Salat servieren
4. Schokomousse mit Schlagobers und Erdbeeren servieren.

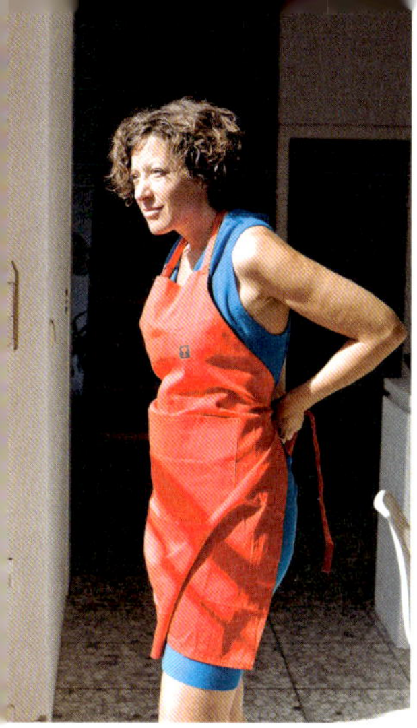

Einkaufsliste

Obst & Gemüse

500 g	Karotten
250 g	Kartoffeln
6	Knoblauchzehen
6	Frühlingszwiebeln
4	Bio-Zitronen
1	Bio-Orange
½	Sellerie
1	Zwiebel
3	bunte Paprika
500 g	Erdbeeren

Kräuter

1 Bund	Petersilie
1 Bund	Thymian
1 Bund	Minze

Gewürze

1 EL	Kreuzkümmel
10	Pfefferkörner
2	Lorbeerblätter
1 EL	Fenchelsamen
	Salz
	Pfeffer
	Olivenöl
	Sonnenblumenöl

Frischeprodukte

6	Eier
150 g	Schafkäse
500 g	TK-Erbsen
400 g	griechisches Joghurt
250 g	Schlagobers
80 g	Butter
	evtl. Vanilleeis für die Mousse

Fisch & Fleisch

600 g	Hühnerbrust

Trockenzutaten

2 EL	glattes Weizenmehl
500 g	Dinkelmehl
100 g	Haselnüsse
1 Pkg.	Trockengerm
1 TL	Kristallzucker
3 EL	Honig
250 g	Quinoa
125 g	dunkle Schokolade (60–70 % Kakaoanteil)
80 g	Braunzucker
2 Pkg.	Vanillezucker
60 g	geriebene Walnüsse
1 TL	Maisstärke

ESKIMO

UFC

Menü
Juli
Dip von gegrillten Paprika und Walnüssen mit frischem Fladenbrot
Salmorejo mit Fenchel-Bizcochos
Gegrillte Köfte und Gemüse mit Tahinasauce und Salat
Semifreddo mit Marillen, gerösteten Haselnüssen und Rosmarin
Zur geheimen Schnatterei

„ein abend mit der ‚geheimen schnatterei‘ von bianca ist immer ein highlight. im nu werden aus den mitgebrachten zutaten vier herrliche gerichte gezaubert. ich habe noch nie in so kurzer zeit so viele neue tricks und kniffe in der küche kennengelernt. danach beginnt der gemütliche teil. die gäste treffen ein und schon beim aperitif entwickeln sich die ersten interessanten gespräche. im laufe des abends ergibt sich so die gelegenheit, viele interessante bekanntschaften zu machen. vielen dank bianca für diesen abend.“

Zu Gast bei

Gerhard
im 17., Wien

Dip von gegrillten Paprika mit frischem Fladenbrot

Gegrillte Paprika bedeuten für mich Sommer! Sie schmecken hervorragend rauchig-süß, und durch die Kombination mit Limettensaft bekommen sie eine zusätzliche Frische. Nach Bedarf Chili verwenden. Ich mag es scharf, andere weniger. Daher lieber weniger als zu viel. Frisches Fladenbrot sorgt immer für Aufsehen, da es sich aufbläht, wahnsinnig gut aussieht und hervorragend schmeckt. Als ich es zum ersten Mal für meine Familie gemacht habe, wurde mehr Fladenbrot als Fleisch gegessen. Machen Sie ruhig mehr davon, denn wenn gute Esser kommen, bleibt auch noch etwas für die Hauptspeise (oder auch nicht :-). In diesem Fall also lieber zu viel als zu wenig!

WEINEMPFEHLUNG: Leichte Sauvignon blancs, beispielsweise aus der Südsteiermark oder aus dem Burgenland: Die feinen Noten von gelben oder roten Paprika des Sauvignons werden wunderbar mit diesem Dip zusammenpassen.

ARBEITSZEIT: 30–40 Minuten
SCHWIERIGKEITSGRAD: einfach
FÜR 4–6 PORTIONEN

ZUTATEN FÜR DEN DIP
3–4 rote Paprika
3 Jungzwiebeln
1 kleine Chilischote
1–2 Knoblauchzehen
1–2 EL Limettensaft
2 EL frische Petersilie oder Koriandergrün
100 g Walnüsse
½–1 TL gemahlener Kreuzkümmel
1 TL edelsüßes Paprikapulver
Salz, frisch gemahlener Pfeffer
1 EL Olivenöl

ZUBEREITUNG
1. Backofen auf 220 °C (Heißluft oder Grillfunktion) vorheizen.
2. Paprika halbieren und entkernen. Mit der Schnittfläche nach unten in eine Auflaufform legen und im Rohr 15 bis 20 Minuten garen, bis die Haut oben dunkel ist und Blasen wirft. Paprika in einen Gefrierbeutel geben, verschließen und auskühlen lassen. Durch den Dampf, der sich im Beutel bildet, löst sich die Haut und kann dann einfacher geschält werden.
3. Walnüsse in einer Pfanne ohne Fett rösten und im Mörser grob zerstoßen.
4. Jungzwiebeln und Knoblauch klein schneiden. Chilischote entkernen und ebenfalls klein schneiden.
5. Ausgekühlte Paprika mit einem kleinen Messer enthäuten.
6. Alle Zutaten mit dem Pürierstab zu einer feinen Paste verarbeiten. Nach Bedarf salzen, pfeffern und Limettensaft dazugeben.

ARBEITSZEIT: 30–40 Minuten
SCHWIERIGKEITSGRAD: einfach
FÜR 6 PORTIONEN

ZUTATEN FÜR DAS FLADENBROT
500 g glattes Weizenmehl
1 TL Salz
½ TL Trockengerm
2 EL Olivenöl

ZUBEREITUNG
1. Mehl mit Salz und Germ verrühren. 320 ml Wasser und Öl mit der Hand oder dem Mixer dazu mischen, bis eine kompakte Teigkugel entsteht.
2. Teigkugel auf einer bemehlten Arbeitsfläche ca. 5 Minuten weiterkneten, bis sie weich und glatt ist. Der Teig sollte nicht auf der Arbeitsfläche festkleben, sondern eine homogene Masse bilden. Wenn er dennoch festklebt, einfach noch etwas Mehl dazumischen.
3. Teig in eine Schüssel geben und mit einem Geschirrtuch etwa eine Stunde rasten lassen.
4. Backofen auf 210 °C vorheizen. Backblech mit Backpapier auslegen und mit etwas Mehl bestreuen.
5. Teig in vier gleich große Kugeln teilen und jede zu einem ca. 3 mm dicken Fladen ausrollen.
6. Fladen aufs Backblech legen und 5 bis 10 Minuten backen, bis der Teig Blasen wirft und etwas Farbe angenommen hat. Fladenbrot am besten frisch aus dem Ofen servieren.

Salmorejo mit Fenchel-Bizcochos

Im Juni 2012 habe ich eine alte Studien- und Kulinarikfreundin in Bilbao besucht. Auf unseren kulinarischen Streifzügen haben wir auch Salmorejo, eine kalte andalusische Tomatensuppe, entdeckt, und Carolina meinte, dass ich sie unbedingt sofort kosten müsse. Mir hat diese Suppe – eiskalt mit Ei serviert – in der Tat herrlich geschmeckt. Salmorejo stammt eigentlich aus Cordoba und besteht im Vergleich zu Gazpacho nur aus Tomaten. Der Belag der Suppe kann variieren: Ei, Orangenfilets oder Serrano-Schinken. Gutes Olivenöl in und auf der Suppe ist essenziell, da es ein wichtiger Geschmacksträger ist! Die Fenchel-Bizcochos sind nicht unbedingt notwendig, aber aufgrund ihrer Trockenheit eine gute Ergänzung. Wir haben die Bizcochos den ganzen Abend am Tisch stehen lassen, da sie auch herrlich zu Wein passen. Einfach ausprobieren! Sie sind sehr einfach zu machen und lange haltbar. Gut getrocknet können sie in einer verschlossenen Dose mindestens zwei bis vier Wochen aufbewahrt werden.

WEINEMPFEHLUNG: Mittelkräftige Grüne Veltliner, etwa aus dem Weinviertel: Der Wein könnte auch schon schön gereift sein, kräutrige und würzige Noten werden eine interessante Kombination bieten. Eher auf einen säurearmen Wein setzen, damit Essig und Weinsäure nicht konkurrieren.

ARBEITSZEIT: 20–30 Minuten
SCHWIERIGKEITSGRAD: einfach
FÜR 4 PORTIONEN

ZUTATEN FÜR DAS SALMOREJO
2 Eier
4 Scheiben Serrano-Schinken
1 kg reife Tomaten
2 Knoblauchzehen
1 Orange
200 g Weißbrot vom Vortag
10 EL gutes Olivenöl
2 EL Rotwein- oder Sherryessig
1 EL Ahornsirup oder 1 TL Kristallzucker
Salz, frisch gemahlener Pfeffer

ZUBEREITUNG

1. Einen Topf mit Wasser erhitzen. Die Tomaten kreuzweise einritzen und kurz ins heiße Wasser geben, bis sich die Haut zu lösen beginnt. Mit kaltem Wasser abschrecken und auskühlen lassen.
2. Eier hart kochen. Abschrecken, schälen und in kleine Stücke schneiden.
3. Tomaten schälen und in eine Schüssel geben. Wenn die Tomaten viele Kerne haben, dann durch ein Sieb streichen, um sie los zu werden.
4. Weißbrot in kleine Stücke brechen, dazugeben und ca. 5 Minuten einweichen.
5. Die Tomaten mit den geschälten Knoblauchzehen, dem Essig, einem Ei und dem Salz pürieren.
6. Während des Pürierens langsam das Olivenöl hineintropfen lassen, damit die Suppe sämig wird. Suppe kalt stellen.
7. Orangen filetieren, das heißt Orangenstücke ohne Haut aus der Orange herausschneiden. Schinken fein schneiden.
8. Kalte Suppe mit gehacktem Ei, Schinken und Orangenfilets sowie ein paar Tropfen Olivenöl servieren. Dazu die Bizcochos reichen.

ARBEITSZEIT: 20 Minuten
SCHWIERIGKEITSGRAD: einfach
FÜR 6 PORTIONEN

ZUTATEN FÜR DIE FENCHEL-BIZCOCHOS (ca. 25 Stück)
1 großes oder 2 kleine Ei(er)
130 g glattes Weizenmehl
½ TL Backpulver
½ TL Salz
1 Prise frisch gemahlener Pfeffer
½–1 EL Fenchelsamen

ZUBEREITUNG

1. Backofen auf 180 °C vorheizen.
2. Fenchelsamen in einer Pfanne ohne Fett rösten.
3. Mehl, Backpulver, Salz, Pfeffer sowie Fenchelsamen miteinander verrühren und Ei(er) dazumengen. Falls der Teig zu trocken ist, etwas kaltes Wasser dazugeben. Masse zu einem groben Teig verarbeiten.
4. Teig in zwei gleich große Stücke teilen und daraus 20 bis 30 cm lange Rollen bzw. mit 2 bis 3 cm Durchmesser formen.
5. Rollen auf ein bemehltes Backblech legen und 25 Minuten backen, bis sie sich fest anfühlen.
6. Aus dem Ofen nehmen und ein wenig abkühlen lassen.
7. Teigrollen schräg in ca. 1 cm dicke Scheiben schneiden. Wieder auf das Backblech legen und weitere 15 Minuten backen.

Gegrillte Köfte und Gemüse mit Tahinasauce und Salat

Köfte sind sozusagen eine geschmackvollere Interpretation der österreichischen Fleischlaberln. Wichtig dafür sind die frische Petersilie und die Gewürzkombination Koriander, Kreuzkümmel und Fenchel. Durch das Rösten wird der Geschmack der Gewürze noch intensiver. Wenn man keinen Kardamom zu Hause hat, dann kann man ihn auch weglassen. Gemischtes Faschiertes, zum Beispiel von Lamm und Schwein, macht die Köfte saftiger. Bei unserem Kochabend haben wir die Köfte gegrillt. Durch die direkte Hitze waren sie außen knusprig und innen weich und saftig.

Eine kleine Herausforderung ist das parallele Grillen des Gemüses, da die Zucchini weniger Hitze brauchen. Wir haben einfach nacheinander das fertige Essen auf den Tisch gestellt und jeder hat sich bedient. Am besten ist es daher, zuerst die Köfte und dann bei indirekter Hitze das Gemüse zu grillen. Eine wichtige Rolle spielt auch die Tahinasauce, denn der nussige Geschmack des Sesams verleiht dem ganzen Essen eine besondere (Urlaubs-)Note. **Tipp:** Mit Minze verfeinern, denn so passt die Sauce am besten zu den Köfte!

WEINEMPFEHLUNG: Ein feiner Sankt Laurent, beispielsweise aus dem Seewinkel, wird eine schöne Ergänzung zum würzigen Fleisch sein. Ein kräftiger Weißwein vom Grünen Veltliner wird wiederum wunderbar mit der Tahinasauce harmonieren.

ARBEITSZEIT: 40–50 Minuten
SCHWIERIGKEITSGRAD: einfach
FÜR 4 PORTIONEN

ZUTATEN FÜR DIE KÖFTE
600 g Faschiertes vom Rind
1 Bund Petersilie
1 Knoblauchzehe
2 TL Koriandersamen
1 TL Kreuzkümmel
1 TL Fenchelsamen
1 EL edelsüßes Paprikapulver
1 TL Salz
½ TL frisch gemahlener Pfeffer
2 Prisen gemahlener Kardamom

ZUTATEN FÜR DAS GEMÜSE
3 Stück Zucchini
Salz, frisch gemahlener Pfeffer, Olivenöl

ZUTATEN FÜR DEN SALAT
1 Salatgurke
2–3 Tomaten oder Cocktailtomaten
1 rote Zwiebel
Öl, Zitronensaft, Salz

ZUTATEN FÜR DIE TAHINASAUCE
200 g Joghurt (mindestens 10 % Fett)
1 Knoblauchzehe
4 EL Zitronensaft
Schale von ½ Bio-Zitrone
4 EL Minze oder Koriandergrün oder Petersilie
100 g Tahina (Sesampaste)
Salz, frisch gemahlener Pfeffer

ZUBEREITUNG

1. **Für die Köfte** Koriandersamen, Kreuzkümmel und Fenchel in einer Pfanne trocken rösten und fein mörsern.
2. Knoblauch schälen und fein hacken oder zerdrücken. Petersilie fein hacken.
3. Fleisch mit Gewürzen, Knoblauch, Salz, Pfeffer und Petersilie gut vermischen.
4. Aus dieser Masse ca. 12 längliche Laibchen formen und kalt stellen.
5. **Für das Gemüse** Zucchini in ca. ½ bis 1 cm dicke Scheiben schneiden. In einer Schüssel mit Pfeffer und einem Spritzer Olivenöl marinieren. **Achtung:** Erst kurz vor dem Grillen salzen, da sie sonst zu viel Wasser verlieren!
6. **Für die Sauce** Knoblauch schälen und zerdrücken. Zitronenschale abreiben. Koriander fein hacken. Alle Zutaten mit 50 bis 70 ml Wasser vermischen, nach Geschmack mit Salz und Pfeffer würzen und kalt stellen. Wenn die Sauce noch zu dick ist, etwas Wasser dazu geben.
7. **Für den Salat** die Zutaten sehr fein schneiden. Kurz vor dem Servieren mit Öl, Salz und Zitronensaft marinieren.
8. Fleisch auf dem Grill bei starker direkter Hitze auf jeder Seite 3 bis 4 Minuten bei geschlossenem Deckel grillen. Gemüse salzen und bei weniger, indirekter Hitze rasch grillen.
9. Oder die Köfte im Backofen bei 200 °C 15 bis 20 Minuten grillen. Gemüse auf ein Backblech legen und 10 bis 15 Minuten grillen.
10. Fleisch und Gemüse mit Salat, Sauce und – falls noch etwas davon übrig ist – mit Fladenbrot vom Aperitif servieren.

Semifreddo mit Marillen, gerösteten Haselnüssen und Rosmarin

Ein Semifreddo, also Halbgefrorenes, kommt immer gut an! Vanille mit Rosmarin ist eine super Kombination, und die Marillensauce verpasst dem Semifreddo noch eine ausgleichende Säure. Die gerösteten Haselnüsse machen die Masse dazu noch schön knackig. Viel knackig kommt gut an, daher lieber mehr als weniger Haselnüsse verwenden!

Eine kleine Herausforderung stellt das Vermengen der Zutaten dar. Das Eiklar und das Schlagobers müssen ganz vorsichtig unter die Eiermasse gehoben werden. Ich erwähne das lieber hier nochmals ausdrücklich, da ich deswegen einen erzürnten Anruf im Vorfeld bekommen habe, weil diese Info im Rezept überlesen wurde. **Eines noch:** Üblicherweise wollen die Gäste eine zweite Portion!

WEINEMPFEHLUNG: Riesling- oder Traminerauslesen, etwa aus der Wachau: ein Klassiker – die feinen Marillenaromen des Rieslings oder die Lemongras- und Rosenblätter-Noten eines Traminers werden wunderbar zu diesem Dessert passen; aber keinen allzu süßen Wein wählen, damit er das Semifreddo nicht übersüßt.

ARBEITSZEIT: 30–40 Minuten
SCHWIERIGKEITSGRAD: mittel
FÜR 4–6 PORTIONEN

ZUTATEN FÜR DAS SEMIFREDDO
2 große Eier
250 g Schlagobers
100 g Haselnüsse
80 g getrocknete Marillen
25 g Kristallzucker
2 EL Honig
1 Vanilleschote
1 Prise Salz

ZUTATEN FÜR DIE MARILLENSAUCE
150 g reife Marillen
Saft von ½ Bio-Zitrone
1–2 kleine Zweige frischer Rosmarin
30 g Kristallzucker

ZUBEREITUNG

1. **Für das Semifreddo** Backofen auf 150 °C vorheizen. Haselnüsse 15 Minuten im Backofen rösten. Dann mit den Fingern schälen und grob hacken.
2. Getrocknete Marillen mit dem Honig vermischen.
3. Vanilleschote aufschneiden und aus jeder Hälfte das Mark herausschaben.
4. Eier trennen. Vanillemark, Kristallzucker und Eidotter mit dem Mixer aufschlagen, bis eine helle Eiermasse entstanden ist.
5. Schlagobers steif schlagen.
6. Eiklar mit einer Prise Salz schlagen.
7. Nun mit einem Kochlöffel Schlagobers, Haselnüsse, Eischnee und getrocknete Marillen vorsichtig unter die Dottermischung heben.
8. Masse in ein Gefäß oder 4 kleine Förmchen (ca. 120 ml Inhalt) füllen, mit Frischhaltefolie abdecken und mindestens 6 Stunden in den Tiefkühler stellen. **Achtung:** Da man das Semifreddo nach dem Auftauen nicht nochmals einfrieren sollte, eher in kleinere Portionen aufteilen, damit man nicht sofort alles auftauen muss.
9. **Für die Marillensauce** die Haut der Marillen mit einem Messer ein wenig einritzen und in heißes Wasser geben, bis sich die Haut löst. Dann mit kaltem Wasser abschrecken.
10. Haut der Marillen mit einem Messer abziehen. Marillen halbieren und entkernen. Kristallzucker sowie Zitronensaft zufügen und pürieren.
11. Rosmarinzweig(e) für mindestens eine Stunde in die Marillensauce einlegen.
12. Das Semifreddo 15 bis 30 Minuten vor dem Servieren aus dem Tiefkühler nehmen, damit es etwas antauen kann. Die Antauzeit ist abhängig von der Raumtemperatur. **Achtung:** Nicht zu lange auftauen lassen, damit es beim Servieren noch eine feste Konsistenz hat.
13. Rosmarinzweig(e) aus der Marillensauce entfernen und das Semifreddo mit der Marillensauce servieren.

„die meisten schreiben gedichte, bianca kocht sie."
angelika, wien

„mir schmeckt die tahinasauce am besten mit minze, denn die perfektioniert die köfte!"
christian, linz

„der ablaufplan ist genial! so wird jeder zu einem entspannten gastgeber!"
katharina, wien

„dieser dip schmeckt hervorragend!"
marcel, hamburg

„der schinken auf der suppe ist empfehlenswert. sehr lecker!"
tanja, wien

„vorsicht beim unterheben des eischnees beim semifreddo! wenn es gelingt, schmeckt es aber herrlich!
elke, linz

Ablaufplanung

BIS 2 TAGE VORHER

1. Semifreddo ohne Sauce zubereiten
2. Fenchel-Bizcochos backen

BIS 1 TAG VORHER

1. Dip von gegrillten Paprika zubereiten
2. Salmorejo zubereiten

AM Tag SELBST

1. Teig fürs Fladenbrot vorbereiten
2. Marillen blanchieren und Sauce zubereiten
3. Garnitur für die Suppe (Eier, Speck und Orangen) schneiden
4. Köfte, Salat und Tahinasauce zubereiten

30 MINUTEN BEVOR DIE GÄSTE DA SIND

1. Teig für Fladenbrot ausrollen
2. Backofen vorheizen und Brote backen
3. Dip auf kleinen Tellern aufteilen
4. Kurz bevor die Gäste kommen, den Griller anheizen

WENN DIE Gäste DA SIND

1. Aufstrich mit warmem Brot servieren
2. Suppe in Gläser oder Teller aufteilen und mit der Garnitur bestreuen, mit Fenchel-Bizcochos servieren.
3. Nachdem die Suppe gegessen wurde, Köfte und dann Zucchini auf den Griller legen. Salat marinieren und gemeinsam mit der Sauce auf Teller verteilen oder in großen Schüsseln auf den Tisch stellen.
4. Ca. 20 Minuten vor dem Servieren der Nachspeise, das Semifreddo aus dem Kühlschrank nehmen.
5. Semifreddo mit Marillensauce servieren

Einkaufsliste

Obst & Gemüse

3–4	Rote Paprika
1	Chilischote
6	Knoblauchzehen
3	Jungzwiebeln
1	Limette
1,3 kg	reife Tomaten
1	Orange
3	Zucchini
1	Salatgurke
1	Rote Zwiebel
3–4	Bio-Zitronen
150 g	reife Marillen

Kräuter

1 Bund	Minze oder Koriander
1 Bund	Petersilie
2 Zweige	Rosmarin

Gewürze

2 EL	edelsüßes Paprikapulver
1 EL	Fenchelsamen
2 TL	Koriandersamen
2 TL	Kreuzkümmel
	gemahlener Kardamom
1	Vanilleschote
2 EL	Rotwein- oder Sherryessig
	Olivenöl
	Salz
	frisch gemahlener Pfeffer

Frischeprodukte

6	Eier
200 g	Joghurt (mind. 10 % Fettgehalt)
250 g	Schlagobers

Fisch & Fleisch

4 Scheiben	Serrano-Schinken
600 g	Faschiertes vom Rind

Trockenzutaten

100 g	Walnüsse
630 g	glattes Weizenmehl
1 Pkg.	Trockengerm
200 g	Weißbrot vom Vortag
1 EL	Ahornsirup
½ TL	Backpulver
100 g	Tahina
65 g	Kristallzucker
2 EL	Honig
80 g	getrocknete Marillen
100 g	Haselnüsse

STEINPILZE

Wiener Märkte

Menü
August
Gebackene Melanzanikroketten
mit Tomatendip
Gegrillte Pfirsiche mit Schafkäse
Rosmarin-Focaccia
Ricotta-Nockerln
mit Zitronen-Minze-Butter
Schoko-Mohn-Törtchen
auf Zwetschkenkompott
Zur geheimen Schnatterei

„konzepte mit restaurants in privaten wohnungen kannte ich vorher nur aus artikeln über new york city, berlin oder paris. mit der ‚geheimen schnatterei' hat bianca für mich damit ein wenig großstadtfeeling nach wien geholt. am besten gefällt mir an dem konzept, dass es zumindest für einen abend gelingt, aus den eigenen kreisen auszubrechen und einen kleinen einblick in andere welten zu bekommen. und dann macht es natürlich wirklich Spaß zu sehen, wie bianca die eigene wohnung und darin vor allem die küche ganz anders nutzt und bespielt als man selbst. so kann man auch die vertrauten vier wände neu entdecken."

Zu Gast bei

Katharina
im 6., Wien

Gebackene Melanzanikroketten mit Tomatendip

Anfang der Neunzigerjahre habe ich erstmals Melanzani in Italien gegessen und war davon begeistert. Damals im Mühlviertel noch völlig unbekannt, hat meine ganze Familie die mitgebrachten Melanzani verschmäht, mittlerweile werden sie sogar im eigenen Garten angebaut. Melanzani können auf ganz verschiedene Arten zubereitet werden und eignen sich daher für sehr viele Gerichte. Jürgen meint, dass die Sauce gut etwas Schärfe vertragen könnte. Finde ich eigentlich auch und empfehle deshalb, etwas frischen Chili in den Dip zu geben.

WEINEMPFEHLUNG: Etwa ein leichter Grüner Veltliner oder gekühlter Zweigelt aus dem Weinviertel: Der Grüne Veltliner kann hier als Allrounder sicher punkten; ein leicht gekühlter, saftiger Rotwein wie ein junger Zweigelt oder Portugieser könnten hier einen spannenden Kontrapunkt setzen.

ARBEITSZEIT: 30–40 Minuten
SCHWIERIGKEITSGRAD: einfach
FÜR 4 PORTIONEN

ZUTATEN FÜR DIE MELANZANIKROKETTEN
100 g Schafkäse oder Mozzarella
50 g geriebener Parmesan
2 kleine Eier
1 mittelgroße bis große Melanzani
1 mehlige Kartoffel (ca. 70 g)
1 Knoblauchzehe
2 EL Petersilie, Thymian oder Oregano
60 g Semmelbrot (1 Semmel vom Vortag)
Salz, frisch gemahlener Pfeffer

ZUTATEN FÜR DEN TOMATENDIP
2–3 Tomaten
1 Knoblauchzehe
1 TL Honig oder Ahornsirup
1 EL Balsamicoessig
1 frischer Rosmarinzweig
oder 1 TL getrocknete
Rosmarinnadeln
2 EL Basilikum
Salz, frisch gemahlener Pfeffer

ZUBEREITUNG

1. Backofen auf 200 °C vorheizen.
2. Melanzani in Würfel schneiden, mit ½ TL Salz vermischen und in einem Sieb abtropfen lassen. Kartoffel kochen.
3. Tomaten halbieren und mit zerdrücktem Knoblauch, Honig, Balsamicoessig, Rosmarinnadeln, Salz und Pfeffer gut durchmischen. In einer Auflaufform ca. 20 Minuten grillen, bis sie weich sind; danach kalt stellen.
4. Melanzani gut ausdrücken und in einer Pfanne mit Olivenöl goldbraun braten. Petersilie fein hacken. Gekochte Kartoffel schälen und mit einer Gabel zerdrücken.
5. Melanzani mit gehackten Kräutern, Eiern, zerbröseltem Schafkäse oder Mozzarella, Parmesan, Kartoffel und Semmelbrot gut vermischen. Mit Salz und Pfeffer abschmecken.
6. Mischung mit einem Teelöffel oder mit der feuchten Hand zu etwa 20 walnussgroßen Kroketten formen. Auf ein mit Backpapier ausgelegtes Backblech setzen und bei 200 °C 10 Minuten backen.
7. Ausgekühlte Tomaten pürieren, Basilikumblätter fein hacken und mit Salz und Pfeffer unter das Püree mischen.
8. Als Aperitif Melanzanikroketten mit Dip servieren.

TIPPS
Werden die Melanzanikroketten bereits am Vortag zubereitet, dann sollte man sie vor dem Essen nochmals bei 180 °C für 3 bis 5 Minuten auf einem Backblech in den Backofen geben, damit sie auch schön knusprig werden.

Wer den Dip würziger will, kann eine Chilischote fein hacken und in kleinen Dosen zum Dip geben, damit es nicht zu scharf wird.

Gegrillte Pfirsiche mit Schafkäse und Rosmarin-Focaccia

Viele Leute mögen Pfirsiche wegen ihrer pelzigen Haut nicht so gerne. Im gegrillten Zustand merkt man aber davon nichts mehr, und sie bekommen eine tolle Konsistenz, wenn sie angebraten werden und warm sind. Gemeinsam mit dem Schafkäse ist das eine sehr einfache Vorspeise, die sommerlich leicht und sehr aromatisch schmeckt. Und frische Focaccia kommt immer sehr gut an. Einfach mal ausprobieren!

WEINEMPFEHLUNG: Ein gereifter Riesling oder ein Gemischter Satz aus Wien könnten hier interessante Partner sein. Die würzigen Steinobstaromen verbunden mit einer nicht zu kräftigen Säure werden wunderbare Begleiter sein.

ARBEITSZEIT: 20–30 Minuten
SCHWIERIGKEITSGRAD: einfach
FÜR 4 PORTIONEN

ZUTATEN FÜR DIE GEGRILLTEN PFIRSICHE
200 g Schafkäse
4 nicht zu reife Pfirsiche
100 g Rucola
1 Bio-Zitrone
½ Bund Basilikum
1 EL Rohrzucker, Honig oder Ahornsirup
1 EL Olivenöl
Salz, frisch gemahlener Pfeffer

ZUBEREITUNG
1. Pfirsiche waschen, entkernen, teilen und jede Hälfte in sechs oder acht Stücke schneiden. Mit Zitronenschale, Zitronensaft, Zucker, Salz, Pfeffer und Olivenöl vermischen.
2. Pfanne erhitzen und die Pfirsiche bei mittlerer Hitze anbraten, bis sie braun und weich sind.
3. Ein wenig auskühlen lassen. Mit etwas Rucola auf den Tellern anrichten und mit gehacktem Basilikum und zerbröseltem Schafkäse bestreuen. Zum Schluss noch etwas frisch gemahlenen Pfeffer und gutes Olivenöl darübergeben.
4. Lauwarme Pfirsiche mit frischer, wenn möglich noch lauwarmer Focaccia servieren.

TIPP
Beim Olivenöl zum Schluss nicht sparen, da sich die Pfirsiche mit Olivenöl und Focaccia kombiniert sehr gut machen!

ARBEITSZEIT: 20–30 Minuten
SCHWIERIGKEITSGRAD: einfach
FÜR 6–8 PORTIONEN

ZUTATEN FÜR DIE FOCACCIA
500 g glattes Weizenmehl
1 EL Kristallzucker
1 Pkg. Trockengerm
1 TL feines Salz
1 TL grobes Meersalz zum Bestreuen
5 EL Olivenöl
2 frische Rosmarinzweige oder
1 EL getrocknete Rosmarinnadeln

ZUBEREITUNG
1. Mehl mit Salz, Germ, Kristallzucker und gehackten Rosmarinnadeln gut vermischen. Dann mit einem Mixer oder Kochlöffel langsam Olivenöl und 300 ml lauwarmes Wasser unterrühren.
2. Teig auf einer bemehlten Arbeitsfläche für ca. 2 Minuten weiterkneten. Es sollte eine kompakte Teigkugel entstehen, die sich von der Arbeitsfläche löst. Wenn sie an der Arbeitsfläche kleben bleibt, noch etwas Mehl dazugeben. Teig mit etwas Mehl bestauben, mit einem Geschirrtuch abdecken und für mindestens eine Stunde bei Zimmertemperatur ruhen lassen.
3. Teig nochmals für 3 bis 5 Minuten durchkneten. Etwa 2 cm dick ausrollen, auf ein mit Backpapier ausgelegtes Backblech legen und nochmals eine Stunde stehen lassen. Teig mit Olivenöl bestreichen und mit grobem Meersalz bestreuen.
4. Backofen auf 200 °C vorheizen und das Brot ungefähr 20 Minuten backen.

Ricotta-Nockerln mit Zitronen-Minze-Butter

Ricotta ist für mich der bessere Topfen. Als ich den Frischkäse in Italien zum ersten Mal gegessen habe, konnte ich davon nicht genug bekommen. Die Nockerln schmecken sehr lecker und sind gut vorzubereiten. In Kombination mit der Butter erhalten sie eine feine, säuerliche Note. Der knackige Salat als Beilage liefert einen Ausgleich zu den Nockerln.

WEINEMPFEHLUNG: Mittelkräftige Chardonnays, beispielsweise aus dem Seewinkel, werden feine Begleiter sein. Würzige Zitrus- und Nussnoten verbunden mit feiner Säure werden den Nockerln den richtigen Kick geben.

ARBEITSZEIT: 40–50 Minuten
SCHWIERIGKEITSGRAD: einfach
FÜR 4–6 PORTIONEN

ZUTATEN FÜR DIE NOCKERLN

500 g Ricotta
100 g geriebener Parmesan
3 Eier
50 g Butter
1 Bund Minze
1 Bio-Zitrone
170 g glattes Weizenmehl
frisch geriebene Muskatnuss
Salz, frisch gemahlener Pfeffer
Olivenöl

ZUTATEN FÜR DEN SALAT

1 Kopf grüner Salat (gemischt oder mit Rucola)
1 Bund Radieschen
2 Frühlingszwiebeln
Salz, Olivenöl

ZUBEREITUNG

1. **Für die Nockerln** Minze fein hacken. Ricotta mit Eiern, 150 g Mehl, 2 EL Minze und 2 EL Parmesan gut vermischen. Mit einer guten Prise frisch geriebener Muskatnuss, Salz und Pfeffer würzen. Masse ungefähr 30 Minuten ruhen lassen.
2. Etwas Mehl auf einen Teller geben. Mithilfe eines Teelöffels kleine Nockerln aus der Ricottamischung stechen. Im Mehl wälzen und auf einen großen Teller oder ein Backblech legen. Nockerln nochmals etwa eine Stunde ruhen lassen.
3. Backofen auf 180 °C vorheizen.
4. Butter in einer Pfanne schmelzen. 2 EL Minze sowie etwas abgeriebene Zitronenschale dazugeben und mit Salz und Pfeffer abschmecken. Nach Geschmack kann man kurz vor dem Anrichten noch Minze und Zitronenschale zufügen.
5. Einen großen Topf Wasser aufkochen lassen. Die Nockerln in das gesalzene, leicht siedende Wasser geben und ca. 3 Minuten ziehen lassen, bis sie an die Oberfläche steigen.
6. Mit einem Schaumlöffel, Knödelschöpfer oder kleinen Sieb aus dem Wasser nehmen und abtropfen lassen. Nockerln mit Zitronen-Minze-Butter vermischen. In eine Auflaufform füllen und mit der Hälfte des restlichen Parmesans bestreuen. Im Backofen 15 bis 20 Minuten überbacken, bis der Käse leicht braun ist.
7. Salat waschen, Radieschen und Frühlingszwiebeln in dünne Scheiben schneiden.
8. Salat mit Zitronensaft nach Geschmack, 2 bis 3 EL Olivenöl und Salz anrichten.
9. Nockerln auf die Teller verteilen und mit restlichem Parmesan, Pfeffer sowie restlicher Minze bestreuen und mit dem Salat servieren.

Schoko-Mohn-Törtchen auf Zwetschkenkompott

Mohn gehört unweigerlich zu meiner Kindheit und zur österreichischen (Mehlspeis-)Küche. In der Früh auf dem Weg in die Schule eine Mohnkrone oder ein Mohnflesserl beim Bäcker kaufen und das Mohnstoßen im Stock für Mohnnudeln, das sind meine Mohn-Kindheitserinnerungen. Diese süße Mohnvariante harmoniert herrlich zum leicht säuerlichen Zwetschkenkompott.

WEINEMPFEHLUNG: Zweigeltauslese oder -beerenauslese: Die Zwetschkennoten des Zweigelts werden perfekt mit dem Kompott harmonieren, ein feines Süße-Säure-Spiel wird das Törtchen gut balancieren.

ARBEITSZEIT: 30–45 Minuten
SCHWIERIGKEITSGRAD: mittel
FÜR 4–6 PORTIONEN

ZUTATEN FÜR DIE MOHNTÖRTCHEN

3 Eier
80 ml Milch
200 g Schlagobers
1 Bio-Zitrone
80 g weiße Schokolade
1 Vanilleschote
40 g Staubzucker
30 g Rohr- oder Kristallzucker
40 g glattes Weizenmehl oder Maisstärke
6 Blatt Gelatine
30 g Mohn

ZUTATEN FÜR DAS ZWETSCHKENKOMPOTT

400 g Zwetschken
1 kleine Zimtstange
½ TL gemahlener Zimt
20 g Rohr- oder Kristallzucker

ZUBEREITUNG

1. Backofen auf 170 °C vorheizen.
2. **Für den Biskuitteig** Zitronenschale abreiben. 2 Eier mit Staubzucker, Vanillemark und Zitronenschale mindestens 5 Minuten schaumig rühren. Mehl oder Maisstärke mit einem Kochlöffel vorsichtig unter die Masse heben. Eine Torten- oder Tarteform (Ø 20–24 cm) mit Backpapier auslegen, den Teig ca. ½ cm dick aufstreichen und 10 Minuten backen.
3. **Für das Zwetschkenkompott** die Zwetschken waschen, entkernen und halbieren oder vierteln. Zwetschken mit Wasser bedecken und mit 20 g Rohr- oder Kristallzucker, Zimt und 2 EL Zitronensaft aufkochen lassen. Zugedeckt weich dünsten, aber nicht zerkochen. Kalt stellen.
4. Gelatine in ausreichend Wasser einweichen, sie sollten vollständig bedeckt sein. Milch in einem Topf erhitzen und Schokolade darin schmelzen. Gelatine ausdrücken und in der warmen Milch-Schokolade auflösen. Danach Topf vom Herd nehmen und immer wieder umrühren, bis die Masse kalt ist.
5. 4 bis 6 Tassen (Inhalt 150–200 ml) für die Creme bereitstellen. Mit einer Tasse aus dem Biskuit 4 bis 6 Scheiben ausstechen und beiseitestellen. Schlagobers halbsteif schlagen. Ein Ei mit 30 g Rohr- oder Kristallzucker im Wasserbad mit einem Schneebesen oder Mixer für mindestens 5 Minuten schaumig schlagen.
   Achtung: Dafür einen kleinen Topf in einen großen Topf stellen, der mit 35 bis 40 °C warmem Wasser gefüllt ist. Ei und Zucker in den kleinen Topf geben.
6. Schokolademasse, Schlagobers und Mohn mit einem Kochlöffel unter die Ei-Zucker-Mischung heben. In die Tassen füllen und mit Biskuit abdecken. Wer sichergehen möchte, dass sich die Masse nachher auch aus den Tassen löst, kann sie mit Frischhaltefolie auslegen. Mit Frischhaltefolie abdecken und im Kühlschrank mindestens 5 Stunden rasten lassen.
7. Die Tassen erst kurz vor dem Servieren aus dem Kühlschrank nehmen. Die Ränder mit einem Messer einschneiden und die Törtchen auf einen Teller stürzen. Dazu kurz heftig rütteln, bis man hört, dass die Masse auf den Teller rutscht. Die Törtchen mit Zwetschkenkompott servieren.

„der überbackene käse gibt den nockerln wirklich den letzten schliff! und der salat ist ein guter erfrischender ausgleich. köstlich!"
marija, wien

„wow, die pfirsiche mit dem schafkäse und der frischen focaccia sind wirklich lecker! die focaccia habe ich schon mehrmals nachgemacht, ist immer total gut angekommen."
sylvia, wien

„das knacken der mohnkörner in der creme ist ein hit! hab ich so nicht gekannt und bin begeistert!"
rainer, hartkirchen

„das küchlein harmoniert mit dem zwetschkenkompott hervorragend. mir hat es wirklich sehr gut geschmeckt."
katharina, wien

„meine gäste haben die pfirsiche sehr interessant gefunden und ich habe sie noch mit gerösteten mandelsplittern bestreut. die Nachspeise hat meinen kindern sehr gut geschmeckt und die focaccia ist bei allen extrem gut angekommen!"
jürgen, wien

„ich mag die süße des selbst gemachten tomatendips wirklich sehr. und ich könnte mir die kroketten auch gut als beilage zu weißem fischfleisch vorstellen." iris, wien

die nachspeise ist ein geniales rezept, hat super gut geschmeckt! da ich aber kein allzu großer fan von gelatine bin, hab ich nur die hälfte verwendet und das ganze sehr gut durchgekühlt. hat auch gut geklappt! die gegrillten pfirsiche sind ruck, zuck gegangen und waren geschmacklich wirklich witzig erfrischend!
thomas, wien

„mmh, diese Kroketten sind wirklich extrem fein! gefahr, dass ich mich schon beim aperitif satt esse!"
johann, wien

Ablaufplanung

BIS 1 TAG VORHER

1. Mohntörtchen inklusive Zwetschkenkompott vorbereiten und kalt stellen.
2. Melanzanikroketten inklusive Tomatensauce vorbereiten.

AM Tag SELBST

1. Mit dem Focaccia-Teig beginnen
2. Nockerln zubereiten und kochen
3. Zitronen-Minze-Butter vorbereiten
4. Zutaten für den Salat waschen, trocknen und schneiden
5. Melanzanikroketten nochmals 3 bis 5 Minuten bei 180 °C in den Backofen, damit sie knusprig sind.
6. Zutaten für die Vorspeise vorbereiten, Pfirsiche marinieren

30 MINUTEN BEVOR DIE GÄSTE DA SIND

1. Focaccia in den Ofen geben
2. Melanzanikroketten mit der Tomatensauce auf den Tisch stellen

WENN DIE Gäste DA SIND

1. Pfirsiche anbraten und mit warmer Focaccia auftischen
2. Nockerln im Rohr überbacken
3. Salat marinieren
4. Törtchen auf die Teller stürzen und mit Kompott anrichten

r geheimen Schnatterei

Einkaufsliste

Gemüse

1	mittelgroße Melanzani
1	mehlige Kartoffel (ca. 70 g)
2	Knoblauchzehen
3	Tomaten
4	nicht zu reife Pfirsiche
3	Bio-Zitrone
1	Kopf Salat (grün oder gemischt)
400 g	Zwetschken
100 g	Rucola
1	Chilischote
1 Bund	Radieschen
2	Frühlingszwiebeln

Kräuter

2 EL	Petersilie
3 Zweige	Rosmarin
1 Bund	Basilikum
1 Bund	Minze

Gewürze

	Muskatnuss
1	Zimtstange
½ TL	gemahlener Zimt
2 EL	Ahornsirup oder Honig
1 EL	Balsamicoessig
1	Vanilleschote
	frisch gemahlener Pfeffer
	Meersalz
	Olivenöl

Frischeprodukte

8	Eier
300 g	Schafkäse
150 g	Parmesan
500 g	Ricotta
200 g	Butter
80 ml	Milch
200 g	Schlagobers

Trockenzutaten

1	Semmel (vom Vortag)
710 g	glattes Weizenmehl
70 g	Rohrzucker
15 g	Kristallzucker
40 g	Staubzucker
6 Blatt	Gelatine
30 g	Mohn
80 g	weiße Schokolade
1 Pkg.	Trockengerm

Menü
September
Aufgespießte Tomaten
mit Schafkäse
Salat von gegrillten Paprika
mit Thymianbaguette
Geschmorte Hühnerbrust
mit Orangen-Gremolata
und Polenta
Sherry-Panna-cotta
mit Himbeeren
Zur geheimen Schnatterei

„ich bin in einem gasthaus aufgewachsen, bin also mit gästen und dem gastgeben groß geworden. als ich von der ‚geheimen schnatterei' gehört habe, war ich sofort begeistert. es ist eben kein normales 08/15-essen, sondern hat ein bisschen einen eventcharakter. ich mag es, wenn leute, die sich nicht kennen, gemeinsam etwas unternehmen. und genau das ist das schöne an der ‚schnatterei': es wird jedes mal ein unvergesslicher abend."

Zu Gast bei

Anton
im 16., Wien

Aufgespießte Tomaten mit Schafkäse

Einer meiner absoluten Favoriten ist Zitronen-Fenchel-Basilikum-Marinade mit Tomaten und Schafkäse. Unbedingt einmal ausprobieren, denn es schmeckt durch die Zitrone wunderbar erfrischend, und der Fenchelsamen rundet den Geschmack schön ab. Anstelle von Schafkäse können auch kleine Mozzarellakugeln verwendet werden. Dazu reichen Sie ein spritziges Glas Prosecco oder Most Frizzante, und der Sommer kann sonnig ausklingen.

WEINEMPFEHLUNG: Ein Brut-Sekt vom Grünen Veltiner, beispielsweise aus dem Kamptal, könnte hier ein spannender Partner sein. Die feine Mousse wird den Schafkäse am Gaumen tänzeln lassen.

ARBEITSZEIT: 20–30 Minuten
SCHWIERIGKEITSGRAD: einfach
FÜR 4 PORTIONEN

ZUTATEN
200 g Schafkäse
8–12 Cocktailtomaten
1 Bio-Zitrone
1 Knoblauchzehe
½ Bund Basilikum
1 EL Fenchelsamen
Salz, frisch gemahlener Pfeffer
Olivenöl
8–12 Holzspieße

ZUBEREITUNG
1. Pfanne erhitzen und Fenchelsamen 4 bis 5 Minuten ohne Zugabe von Fett rösten, bis er duftet und leicht braun ist. Abkühlen lassen und grob mörsern.
2. Zitronenschale abreiben und Saft der halben Zitrone auspressen. Schale, Saft, Fenchelsamen und 3 EL Olivenöl vermischen, Knoblauch schälen und dazupressen. Marinade gut durchmischen.
3. Tomaten waschen und halbieren. Schafkäse in etwa 1 cm große Würfel schneiden.
4. Kurz vor dem Anrichten die Hälfte des Basilikums hacken und in die Marinade mischen, mit Salz und Pfeffer abschmecken. Falls die Marinade zu wenig Säure hat, noch etwas Zitronensaft dazugeben.
5. Schafkäsewürfel und Tomatenstücke in die Marinade geben und vorsichtig durchmischen.
6. Auf einem Spieß abwechselnd Tomaten, Schafkäse und das restliche Basilikum aufspießen. Wenn man keine Spieße hat, Tomaten und Schafkäse mit dem Basilikum und dem Dressing in kleinen Schüsseln servieren. Dazu kann man ein paar Scheiben des Thymianbaguettes anbieten.

Salat von gegrillten Paprika mit Thymianbaguette

Diese flotte und leckere Vorspeise wird mit gegrillten Paprika zubereitet. Deshalb sollte man das Schälen derselben nicht scheuen. Wichtig dafür ist, dass die Paprika ausreichend lange im Backofen gegrillt werden und die Haut wirklich dunkelbraun ist. Ja, gegrillte Paprika und Zitrusfrüchte sind meine großen kulinarischen Leidenschaften und dürfen in diesem Rezept sogar gemeinsam auf den Teller. Wen das Thymianbaguette nicht begeistert, ist selber schuld!

WEINEMPFEHLUNG: Ein reifer, nicht zu kräftiger Sauvignon blanc, beispielsweise aus der Südsteiermark, wird mit würzigen Paprikanoten und feiner Säure ein würdiger Begleiter für diesen Salat sein.

ARBEITSZEIT: 40–50 Minuten
SCHWIERIGKEITSGRAD: einfach
FÜR 4–6 PORTIONEN

ZUTATEN FÜR DEN SALAT

80 g Parmesan im Ganzen oder Pecorino
4–6 große rote oder gelbe Paprika
2 Knoblauchzehen
1 Bio-Zitrone
3 Zweige frischer oder 1 TL getrockneter Thymian
1 EL eingelegte Kapern
1 EL Balsamicoessig
Salz, frisch gemahlener Pfeffer
Olivenöl

ZUBEREITUNG

1. Backofen auf 200 °C vorheizen.
2. Paprika halbieren, Kerne entfernen und waschen. Mit der Schnittfläche nach unten in eine Auflaufform oder auf ein mit Backpapier ausgelegtes Backblech legen und 20 bis 30 Minuten im Backofen grillen, bis die Haut braun ist und Blasen wirft.
3. Paprika aus dem Backofen nehmen und in einen Tiefkühlbeutel geben, verschließen und lauwarm auskühlen lassen. Der Dampf, der im Beutel entsteht, löst die Haut und erleichtert das Schälen.
4. **Für das Dressing** Knoblauch schälen und fein hacken. Zitronenschale abreiben und beiseitestellen. Saft der halben Zitrone auspressen und mit zerdrücktem Knoblauch, 100 ml Olivenöl, 3 EL Wasser und Balsamicoessig und mit einem Pürierstab eine sämige Marinade herstellen.
5. Thymian abzupfen und Kapern grob hacken. Hälfte der Zitronenschale, Thymian und Kapern zur Marinade geben. Mit Salz und Pfeffer abschmecken.
6. Lauwarme Paprika mit einem kleinen Messer oder mit den Fingern schälen. In dünne Streifen schneiden und in der Marinade für mindestens eine Stunde, am besten aber über Nacht einlegen. In diesem Fall eine Stunde vor dem Anrichten aus dem Kühlschrank nehmen.
7. Käse in grobe Scheiben raspeln oder fein schneiden. Paprika auf Tellern anrichten und mit Käse und restlicher Zitronenschale bestreuen. Bei Bedarf noch frisch gemahlenen Pfeffer über den Salat streuen.

ZUTATEN FÜR DAS THYMIANBAGUETTE

5–7 Zweige frischer oder 2 TL getrockneter Thymian
500 g Dinkelmehl
1 Pkg. Trockengerm
1 TL Kristallzucker
Salz

ZUBEREITUNG

1. Thymian abzupfen. Mehl mit Germ, Thymian, 2 TL Salz und Zucker vermischen. Anschließend mit ca. 300 ml lauwarmem Wasser verrühren und ca. 5 Minuten auf einer bemehlten Arbeitsfläche kneten.
2. Teig mit Mehl bestäuben und mindestens eine Stunde rasten lassen oder über Nacht in den Kühlschrank stellen.
3. Backofen auf 200 °C vorheizen.
4. Teig dritteln und auf einer bemehlten Arbeitsfläche in die Länge ziehen. Auf ein mit Backpapier ausgelegtes Blech legen. Nochmals leicht mit Mehl bestäuben.
5. Baguette im Ofen 15 Minuten bei 200 °C backen. Temperatur auf 180 °C reduzieren und weitere 15 Minuten backen. Zwischendurch immer mit Wasser bespritzen oder ein mit Wasser gefülltes Gefäß in den Ofen stellen.

Geschmorte Hühnerbrust mit Orangen-Gremolata und Polenta

In Tomatensugo geschmorte Hühnerbrust ist wirklich delikat. Mit diesem einfachen Gericht können Sie Ihre Gäste garantiert beeindrucken, sie werden von der leichten Schärfe und der würzigen Sauce angetan sein.

WEINEMPFEHLUNG: Kräftige Weiß- oder Grauburgunder, etwa aus der Südoststeiermark, passen mit Noten von Orangenzesten, Mandeln und Nüssen wunderbar zu der Hühnerbrust und sollten auch ein gleichwertiger Partner zur Polenta sein.

ARBEITSZEIT: 30–45 Minuten
SCHWIERIGKEITSGRAD: einfach
FÜR 4 PORTIONEN

ZUTATEN FÜR DIE HÜHNERBRUST

2 Stück Hühnerbrust (ca. 600 g)
5 Knoblauchzehen
1 Zwiebel
2 Bio-Orangen
1 Stück Ingwer (4 cm)
1 rote Chilischote
1 ½ Bund Petersilie
800 g frische geschälte Tomaten oder aus der Dose
3 EL Tomatenmark
2 EL Ahornsirup oder Honig
1 TL gemahlener Zimt
1–2 TL rosa Pfeffer
Salz, frisch gemahlener Pfeffer
Olivenöl

ZUBEREITUNG

1. Orangen und Petersilie waschen, trocknen. Orangenschale abreiben, Petersilie fein hacken. Knoblauch schälen.
2. **Für die Gremolata** eine Knoblauchzehe zerdrücken, rosa Pfeffer grob mörsern, mit der Hälfte der Orangenschale sowie ⅓ der Petersilie mischen und kühl stellen.
3. **Für die Hühnerbrust** Tomaten einritzen und 1 bis 2 Minuten in heißem Wasser blanchieren. Schälen und in kleine Würfel hacken.
4. Zwiebel und Ingwer schälen und mit 4 Knoblauchzehen fein hacken. Chilischote der Länge nach aufschneiden, entkernen und ebenfalls fein hacken.
5. Hühnerbrust waschen, abtropfen lassen, salzen und pfeffern. Topf mit 2 EL Olivenöl erhitzen und Fleischstücke auf jeder Seite 2 bis 3 Minuten scharf anbraten, bis sie leicht gebräunt sind. Hühnerbrust herausnehmen und auf einen Teller legen.
6. 3 EL Olivenöl in den Fleischtopf geben, Zwiebel, Knoblauch sowie Ingwer zufügen und ungefähr 4 Minuten glasig rösten. Chili, Orangenschale und Petersilie dazugeben und 2 Minuten weiterrösten.
7. Geschälte Tomaten, Tomatenmark, Zimt und Ahornsirup dazumischen und aufkochen lassen. Mit Salz und Pfeffer abschmecken, Temperatur reduzieren, damit die Sauce nur noch leicht köchelt.
8. Hühnerfleisch in die Sauce legen und ca. 20 Minuten bei geringer Hitze köcheln lassen.
9. Hühnerfleisch aus der Sauce nehmen und in Scheiben schneiden. Auf Tomatensauce anrichten, mit Gremolata bestreuen und mit Polenta servieren.

ZUTATEN FÜR DIE POLENTA

50 g Butter
400 ml Milch
80 g Parmesan
1 Knoblauchzehe
1 kleine Zwiebel
3 Zweige frischer oder 1 TL getrockneter Thymian
150 g Maisgrieß
frisch geriebene Muskatnuss
Salz

ZUBEREITUNG

1. Knoblauch sowie Zwiebel schälen und fein schneiden, Thymian abzupfen. In 1 EL Butter Knoblauch und Zwiebel sowie Thymian ca. 5 Minuten bei schwacher Temperatur glasig dünsten.
2. Milch und 200 ml Wasser dazugießen, aufkochen lassen und 1 TL Salz zufügen. Abkühlen lassen und Maisgrieß unter ständigem Rühren hineinrieseln lassen.
3. Hitze so weit reduzieren, bis die Polentamasse blubbert.
4. Bei kleiner Hitze 20 bis 30 Minuten köcheln lassen, von Zeit zu Zeit umrühren, damit sich die Masse vollständig vom Boden löst.
5. Parmesan reiben, untermischen, mit Muskatnuss abschmecken. In eine Auflaufform füllen, glatt streichen.
6. Masse kalt werden lassen, stürzen und in Dreiecke schneiden.
7. In einer Pfanne 1 bis 2 EL Butter erwärmen und die Ecken knusprig braten.

Cream-Sherry-Panna-cotta mit Himbeeren

Panna cotta kann in vielerlei Geschmacksrichtungen zubereitet werden. In diesem Rezept mit Cream-Sherry, einer Sherry-Variante mit hohem Zuckergehalt, aber es kann beispielsweise auch Eiswein dafür verwendet werden. Auf jeden Fall kommt Panna cotta als Nachspeise immer gut an! Himbeeren oder auch andere Beeren verleihen der Süßspeise eine erfrischende Note.

WEINEMPFEHLUNG: Eine Auslese vom Weißburgunder oder Chardonnay, zum Beispiel vom Wagram: Ein leichter Süßwein mit feinem Säurespiel könnte die Panna cotta beleben und gut mit den Himbeeren harmonieren.

ARBEITSZEIT: 30–40 Minuten
SCHWIERIGKEITSGRAD: einfach
FÜR 4–6 PORTIONEN

ZUTATEN
500 g Schlagobers
100 ml Milch
1 Bio-Orange
200 g Himbeeren
1 Vanilleschote
70 g Feinkristallzucker
6 Blatt Gelatine
80 ml Cream Sherry

ZUBEREITUNG
1. Gelatine in einem Gefäß mit kaltem Wasser einweichen. Orange heiß waschen und die Schale abreiben.
2. Vanilleschote der Länge nach aufschneiden und das Mark herausschaben. Mit Zucker und Cream Sherry vermischen. Leere Vanilleschote mit der Hälfte des Schlagobers sowie der geriebenen Orangenschale zum Kochen bringen und ca. 10 Minuten bei kleiner Temperatur köcheln lassen. Immer wieder umrühren, damit die Masse nicht anbrennt.
3. Gelatine mit der Hand ausdrücken und in einem Topf mit der Milch bei schwacher Temperatur aufwärmen, bis sich die Gelatine aufgelöst hat.
4. Heiße Schlagobers-Orangen-Mischung durch ein Sieb gießen und die Milch-Gelatine-Masse dazumischen. Abkühlen lassen und immer wieder umrühren. Zucker-Sherry-Mischung darunter rühren.
5. In der Zwischenzeit das restliche Schlagobers leicht schlagen, sodass es ein bisschen Volumen bekommt. Mit einem Kochlöffel unter die abgekühlte Masse heben.
6. Die Masse in 4 bis 6 Gläser (Inhalt 150–200 ml) aufteilen, mit Frischhaltefolie abdecken und mindestens 5 Stunden im Kühlschrank kalt stellen. Wer ganz sichergehen möchte, dass sich die Masse nachher auch aus den Tassen löst, kann sie mit Frischhaltefolie auslegen.
7. Vor dem Servieren die Ränder mit einem scharfen Messer einschneiden und auf Teller stürzen. Mit den frischen Himbeeren servieren. Falls tiefgekühlte Himbeeren verwendet wurden, diese in einem Topf kurz anwärmen, aber nicht kochen.

TIPP
Als vegetarische Alternative zur Gelatine kann auch Agar-Agar verwendet werden.

Wer mag, kann die Himbeeren mit Minze dekorieren.

„meine gäste lieben dich, und der cream-sherry macht´s aus! so ist die panna cotta weit mehr als man sich erwartet!"
carina, erding

„huhn plus würzige tomatensauce schmeckten sehr, sehr lecker. meine gäste waren sehr skeptisch, ob man einen germteig über nacht im kühlschrank stehen lassen kann, aber hat super funktioniert!"
gudrun, krenglbach

„der feine zitrusgeschmack zieht sich von der hauptspeise bis zum dessert. schmeckt sehr erfrischend, fantastisch!"
sandra, wien

„‚legt man eine zitrone neben eine orange, hören sie auf zitrone und orange zu sein. sie werden früchte', meinte bereits der französische maler, grafiker und bildhauer georges braque. genauso hörten die einzelnen gänge mit zitrone und orange auf gänge zu sein. sie wurden ein fantastisches menü."
berni, wien

Ablaufplanung

BIS 1 TAG VORHER

1. Panna cotta vorbereiten und kühl stellen
2. Paprika grillen und in Marinade einlegen
3. Teig für Baguette vorbereiten

AM Tag SELBST

1. Hauptspeise vorbereiten; Huhn aber erst dann in die Tomatensauce geben, wenn der Aperitif serviert wird.
2. Polenta zubereiten und kalt stellen
3. Zutaten für den Aperitif vorbereiten
4. Baguette backen
5. Käse für Vorspeise reiben oder schneiden
6. Himbeeren waschen und trocknen

30 MINUTEN BEVOR DIE GÄSTE DA SIND

1. Aperitif zubereiten
2. etwas Baguette schneiden

WENN DIE Gäste DA SIND

1. Huhn in die Tomatensauce geben und leicht köcheln lassen.
2. Backofen auf 180 °C vorheizen
3. Paprikasalat mit Käse bestreuen und mit aufgeschnittenem Baguette servieren.
4. Teller für die Hauptspeise bei 100 °C im Backofen vorwärmen
5. Polenta in Dreiecke schneiden, in einer Pfanne mit 1 bis 2 EL Butter erhitzen, Polentaecken anbraten.
6. Huhn mit Tomatensauce, Gremolata und Polenta servieren
7. Panna cotta mit Himbeeren und eventuell Minze servieren

Einkaufsliste

Obst & Gemüse

8–12	Cocktailtomaten
2	Bio-Zitronen
3	Bio-Orangen
9	Knoblauchzehen
2	Zwiebeln
4–6	große rote oder gelbe Paprika
800 g	Tomaten
200 g	Himbeeren
4 cm	Ingwer
1 rote	Chilischote

Kräuter

1 ½ Bund	Petersilie
½ Bund	Basilikum
1 Bund	frischer oder 4 TL getrockneter Thymian

Gewürze

1 EL	Fenchelsamen
1 TL	gemahlener Zimt
2 TL	rosa Pfeffer
1	Vanilleschote
	frisch geriebene Muskatnuss
	Balsamicoessig

Frischeprodukte

160 g	ganzer Parmesan
50 g	Butter
500 ml	Milch
500 g	Schlagobers

Fisch & Fleisch

600 g	Hühnerbrust

Trockenzutaten

1 EL	eingelegte Kapern
500 g	Dinkelmehl
1 Pkg.	Trockengerm
80 g	Kristallzucker
3 EL	Tomatenmark
2 EL	Ahornsirup
150 g	Polenta
6 Blatt	Gelatine
80 ml	Cream-Sherry oder Eiswein
8–12	Holzspieße

Menü
Oktober
Buchweizenblini mit
Melanzanikaviar
Karamellisierter Fenchel
mit Ziegenkäse
Tomaten-Focaccia
Forellenfilets mit Nusssauce
und Kardamomreis
Schokobirne im Schlafrock
Zur geheimen Schnatterei

„viele von unseren freunden haben uns gefragt, warum wir fremde in unsere wohnung lassen. da gibt es eine einfache antwort: wir lassen keine fremden, sondern menschen in unsere wohnung, die genauso offen sind wie wir und denen das gleiche spaß macht – gute gellschaft, ein abend voller neuer eindrücke und hervorragendes essen. was soll da schlechtes passieren?

es ist recht spannend, an einem abend teilzunehmen, wenn du nicht weißt, wer vor deiner tür steht, wenn du sie öffnest und was dieser abend in deinen vier wänden bringen wird. wir durften immerhin bisher als einzige bereits zwei mal gastgeber sein, da wir umgezogen sind und dadurch nochmals diese rollen übernehmen konnten. aber auch als gäste sind wir quasi ‚stammgäste' und waren schon bei vielen uns unbekannten gastgebern zu gast.

danke bianca für diese super idee und deren umsetzung. wir freuen uns, dass wir bereits oft teil davon sein konnten."

Zu Gast bei

Jacqui und Francesco
im 9., Wien

Buchweizenblini mit Melanzanikaviar

Ich habe Blini in der Ukraine kennengelernt, wo sie mit Sauerrahm und Kaviar serviert werden. Bei meiner vegetarischen Interpretation müssen die kleinen Küchlein wirklich super knusprig in der Pfanne gebraten werden, damit sie mit dem weichen Fleisch der gegrillten Melanzani harmonieren. Falls Sie mal Lust auf Kaviar haben, dann können Sie die Blini selbstverständlich auch ganz klassisch servieren. Buchweizenmehl ist in Österreich nicht ganz einfach zu bekommen, am besten in Bio-Läden oder im Drogeriemarkt danach suchen.

WEINEMPFEHLUNG: Ein mittelkräftiger Grauburgunder, beispielsweise aus der Steiermark, wird mit seinen nussigen Noten und seiner feinen Säure ein perfekter Partner für die Blini sein.

ARBEITSZEIT: 30–40 Minuten
SCHWIERIGKEITSGRAD: einfach
FÜR 4–6 PORTIONEN

ZUTATEN FÜR DIE BLINI
1 Ei
100 ml Milch
100 g Buchweizenmehl
¼ TL Backpulver
Salz
Sonnenblumenöl

ZUTATEN FÜR DEN MELANZANIKAVIAR
125 g Joghurt (10 % Fett)
1 große Melanzani
1 Granatapfel (falls vorhanden)
½ Bio-Zitrone
¼ Bund Petersilie
1 kleine Knoblauchzehe
1–2 EL Tahina (Sesampaste)
Salz, frisch gemahlener Pfeffer
Olivenöl

ZUBEREITUNG

1. Backofen auf 200 °C vorheizen.
2. Melanzani mit einer Gabel auf allen Seiten mehrmals einstechen, damit sie im Ofen nicht zerplatzt. In eine Auflaufform geben und im Backofen 30 bis 40 Minuten grillen, bis das Fruchtfleisch ganz weich ist. Abkühlen lassen. Mit einem kleinen Messer in der Mitte auseinanderschneiden, mit einem Löffel das Fruchtfleisch entnehmen und in eine Schüssel geben.
3. **Für die Blini** Mehl, ½ TL Salz und Backpulver gut vermengen. Eier trennen und Eiklar steif schlagen. Eidotter mit Milch verrühren und mit dem Mixer unter die Mehlmasse mischen. **Achtung:** Den Eischnee mit einem Kochlöffel vorsichtig unterheben.
4. In einer Pfanne 1 bis 2 EL Sonnenblumenöl erhitzen. Mit einem Teelöffel kleine Teigmengen in die Pfanne setzen und bei mittlerer Hitze 3 Minuten, dann umdrehen und nochmals 2 Minuten braten. Blini auskühlen lassen.
5. **Für den Melanzanikaviar** Petersilie waschen und fein hacken. Knoblauch schälen und zerdrücken.
6. Melanzani mit Saft der halben Zitrone, Hälfte der Petersilie, Knoblauch und Tahina pürieren und mit Salz und Pfeffer abschmecken.
7. Sofern vorhanden, den Granatapfel schälen und entkernen. **Achtung:** Dabei kann es ziemlich spritzen, daher unbedingt Schürze anziehen und über dem Waschbecken schälen.
8. Blini mit Joghurt sowie Melanzanikaviar bestreichen und mit der restlichen Petersilie und/oder Granatapfelkernen bestreuen.

Karamellisierter Fenchel mit Ziegenkäse und Tomaten-Focaccia

Wenn Sie sich beim Lesen dieses Titels vielleicht denken: „Fenchel schmeckt mir nicht!", dann sollten Sie dieses Rezept auf jeden Fall ausprobieren und sich davon überzeugen lassen, wie herrlich angebratener Fenchel schmeckt. Sparen Sie nicht mit Olivenöl und Ziegenkäse, denn sie werden mithilfe der Focaccia die ganze Kombination zu ihrem Höhepunkt bringen. Wer ohne viel Aufwand seine Gäste begeistern möchte, dem gelingt das garantiert mit dieser Vorspeise.

WEINEMPFEHLUNG: Grüne Veltliner oder Traminer, zum Beispiel aus dem Weinviertel, könnten mit kräutrig-würzigen Noten und milder Säure schöne Partner zu dieser delikaten Vorspeise sein.

ARBEITSZEIT: 40–50 Minuten
SCHWIERIGKEITSGRAD: einfach
FÜR 4–6 PORTIONEN

ZUTATEN FÜR DEN FENCHEL
150 g Ziegen- oder Schafkäse (z. B. Feta)
2–3 Fenchelknollen
8 frische Thymianzweige oder
1–2 TL getrockneter Thymian
1 Bio-Zitrone
4 EL Ahornsirup oder Rohrzucker
Salz, frisch gemahlener Pfeffer
Olivenöl

ZUBEREITUNG
1. Fenchel waschen, braune und hölzerne Teile wegschneiden. Fenchelgrün fein hacken und beiseitestellen. Fenchelknolle der Länge nach in ca. 1 cm breite Scheiben schneiden und in eine Schüssel geben.
2. Thymianzweige zupfen. Zitronenschale abreiben und Saft auspressen.
3. Thymian, Zitronensaft, Ahornsirup und 3 EL Olivenöl sowie ½ TL Salz und frisch gemahlener Pfeffer gut vermischen und über die Fenchelscheiben gießen. Mit den Fingern vorsichtig durchmischen, damit die Scheiben intakt bleiben.
4. Öl in einer Pfanne gut aufwärmen, sodass es zischt, wenn man die Fenchelscheiben einlegt. Temperatur dann etwas reduzieren. Jede Fenchelscheibe pro Seite 3 bis 5 Minuten braten, bis sie leicht braun sind und der Ahornsirup etwas karamellisiert ist.
5. Ziegenkäse mit Zitronenschale vermischen. Je nachdem, welcher Ziegenkäse gekauft wurde, Ziegenkäse zwischen den Fingern zerbröseln oder mit einem Kochlöffel oder einer Gabel verrühren.
6. Teller bei 100 °C im Backofen 10 Minuten vorwärmen.
7. Karamellisierte Fenchelscheiben auf die vorgewärmten Teller legen, mit Ziegenkäse bestreuen und mit Olivenöl beträufeln, dann mit Pfeffer und Fenchelgrün bestreuen.

ZUTATEN FÜR DIE TOMATEN-FOCACCIA
5 Cocktailtomaten
500 glattes Weizenmehl
1 EL Kristallzucker
1 Pkg. Trockengerm
6 in Öl eingelegte, getrocknete Tomaten
1 TL grobes Meersalz (zum Bestreuen)
Salz
Olivenöl

ZUBEREITUNG
1. Getrocknete Tomaten abtropfen lassen und fein hacken.
2. Mehl mit Trockengerm, 1 TL Salz und Kristallzucker gut vermengen. Dann mit dem Mixer, der Küchenmaschine oder mit einem Kochlöffel getrocknete Tomaten, 3 EL Olivenöl und langsam 300 ml lauwarmes Wasser dazurühren.
3. Teig auf einer Arbeitsfläche für ca. 2 Minuten weiterkneten. Es soll eine kompakte Teigkugel entstehen, die sich von der Arbeitsfläche löst. Wenn sie an der Arbeitsfläche kleben bleibt, noch etwas Mehl dazugeben. Teig mit etwas Mehl bestauben und mit einem Geschirrtuch abgedeckt für mindestens eine Stunde bei Raumtemperatur aufgehen lassen.
4. Teig nochmals für 3 bis 5 Minuten durchkneten, auf einer bemehlten Arbeitsfläche ausrollen und dann auf ein mit Backpapier ausgelegtes Backblech legen. Nochmals eine Stunde gehen lassen. Cocktailtomaten halbieren. Teig mit Tomaten belegen und festdrücken. Mit Olivenöl bestreichen und mit grobem Meersalz bestreuen.
5. Backofen auf 200 °C vorheizen und Focaccia etwa 20 Minuten backen.

Forellenfilets mit Nusssauce und Kardamomreis

Kalte Nusssauce mit Fisch? Das wird Sie vielleicht überraschen, aber auch hier kann ich garantieren, dass Ihre Gäste Sie lieben werden. Ich persönlich finde ja, dass in der österreichischen Küche viel zu wenig aus unseren heimischen Fischen gemacht wird. Beim folgenden Rezept habe ich mich wieder etwas an das Arabische angelehnt, und auch der Kardamomreis macht selbst die Beilage in Kombination mit der Sauce zu einem Highlight! Kardamom wird in Somalia oft verwendet, und ich habe Kardamomreis erstmals von Asha, einer somalischen Freundin, serviert bekommen. Unbedingt ausprobieren!

WEINEMPFEHLUNG: Grauburgunder, beispielsweise aus der Südoststeiermark, ist hier der perfekte Partner: Mit seinen nussig-würzigen Noten und seiner feinen Säure ist er ein perfekter Begleiter zur Forelle.

ARBEITSZEIT: 40–50 Minuten
SCHWIERIGKEITSGRAD: einfach
FÜR 4 PORTIONEN

ZUTATEN FÜR DIE FORELLENFILETS
4 Forellen- oder Saiblingfilets
(ca. 120–150 g pro Filet)
½ Bio-Zitrone
½ Bund Petersilie
Salz

ZUTATEN FÜR DIE NUSSSAUCE
½ Bund Petersilie
100 g Pinienkerne oder Walnüsse
oder geschälte Mandeln
1 Knoblauchzehe
1 EL Balsamicoessig
¼ TL gemahlener Piment
½ Bio-Zitrone
Salz, frisch gemahlener Pfeffer
Olivenöl

ZUTATEN FÜR DEN KARDAMOMREIS
1 kleine Zwiebel
250 g Basmatireis
8 Kardamomkapseln
Salz
Olivenöl

ZUBEREITUNG

1. **Für die Sauce** Nüsse mit Knoblauch und 10 bis 12 EL Wasser zu einer sehr feinen Paste pürieren. Essig, 3 EL Olivenöl, Piment, Zitronensaft, Salz und frisch gemahlener Pfeffer dazumischen. Sauce am besten mit dem Pürierstab oder einem Blender auf der Küchenmaschine zubereiten, sie sollte zum Schluss eine dicke, sämige Konsistenz haben.
2. Zum Schluss noch die Petersilie waschen, trocknen sowie fein hacken und die Hälfte der Petersilie unter die Sauce rühren.
3. **Für Fisch** gilt die 3-S-Regel: säubern, salzen, säuern. Daher zuerst den Fisch waschen und mit Küchenrolle trockentupfen. **Achtung:** Erst kurz bevor der Fisch gebraten wird, mit Salz und Zitronensaft würzen.
4. In einer Pfanne mit 2 EL Olivenöl kurz, d. h. längstens 2 bis 3 Minuten auf der Hautseite scharf anbraten, in eine Auflaufform oder auf ein Backblech geben.
5. Backofen auf 180 °C vorheizen.
6. **Für den Reis** Zwiebel schälen und fein hacken. Kardamomkapseln im Mörser aufbrechen und die Schalen entfernen.
7. Zwiebel und Kardamomsamen in 2 EL Olivenöl bei kleiner Flamme glasig anschwitzen. Zwiebel soll nicht braun werden. Reis in einer Tasse abmessen, zu den Zwiebeln geben und gut umrühren, sodass der Reis mit Öl bedeckt ist. 1 ½-mal so viel Wasser wie Reis dazugießen, ¼ TL Salz zufügen und aufkochen lassen. Temperatur reduzieren und 15 Minuten zugedeckt bei schwacher Hitze köcheln lassen.
8. Fisch im vorgeheizten Backofen für 8 bis 10 Minuten fertig garen, bis das Fleisch noch glänzt, aber noch nicht weiß ist. Teller im Backofen kurz vorwärmen. Fisch gemeinsam mit Sauce sowie Reis anrichten und mit restlicher Petersilie bestreuen.

Schokobirne im Schlafrock

Etwas Fruchtiges mit Schokolade als Abschluss werden Ihre Gäste mit Sicherheit nicht ablehnen. Wichtig ist, dass Sie noch feste Birnen kaufen, die beim Schälen nicht auseinanderfallen. Ich habe die Schokolade mit Haselnüssen und Zimt gemischt. Auch Walnüsse eignen sich gut für diese Nachspeise, und Vanilleeis schmeckt herrlich zur weichen Schokobirne.

WEINEMPFEHLUNG: Williams Christ: was sonst :-)

ARBEITSZEIT: 30–40 Minuten
SCHWIERIGKEITSGRAD: einfach
FÜR 4 PORTIONEN

ZUTATEN
150 g Schlagobers
1 Pkg. Strudelteig
2 feste mittelgroße Birnen
½ Bio-Zitrone
30 g dunkle Schokolade (70 % Kakaoanteil)
30 g Haselnüsse
1 TL Kristallzucker
½ TL gemahlener Zimt
2 EL Butter
4 Stück Faden (z. B. Nähseide)

ZUBEREITUNG
1. Backofen auf 150 °C vorheizen und Haselnüsse etwa 15 Minuten auf einem Backblech rösten. Abkühlen lassen, mit den Fingern enthäuten und grob hacken.
2. Schokolade fein hacken und mit Zimt und Haselnüssen vermischen.
3. Birnen schälen, halbieren und im Bereich des Kerngehäuses großzügig aushöhlen, damit die Schoko-Nuss-Mischung genug Platz hat. Die Birnen mit Zitronensaft beträufeln, damit sie nicht braun werden.
4. Backofen auf 180 °C vorheizen und Butter in einem kleinen Topf schmelzen.
5. Strudelteig ausbreiten und in 4 quadratische Stücke schneiden. Achtung: Gekaufter Strudelteig ist sehr trocken und sollte nach dem Auspacken sofort verarbeitet werden, da er sonst bricht.
6. Auf jedes Strudelteigstück eine Birnenhälfte setzen, mit der Schoko-Nuss-Mischung füllen (etwas für die Garnitur aufbehalten) und alle Teigecken zur Mitte hin einklappen, sodass der Teig geschlossen ist. Am besten die Teigränder mit einem Faden zusammenbinden (z. B. Nähseide).
7. Butter schmelzen. Teigpäckchen auf ein mit Backpapier ausgelegtes Backblech setzen, mit flüssiger Butter bestreichen und 15 bis 20 Minuten backen. Schlagobers mit Kristallzucker steif schlagen. Die Birnen mit der restlichen Schoko-Nuss-Mischung bestreuen und mit Schlagobers warm servieren.

TIPP
Wenn es keine Birnen gibt, kann man auch Äpfel verwenden.

„ich habe bei den Blini anstelle von buchweizenmehl dinkelmehl verwendet, und das hat auch gut geklappt. der fisch war eine überraschung und sehr fein! ich koche gut und denke, dass das menü mit ablaufplan für leute, die nicht so viel kocherfahrung haben, gut zu meistern ist und die gäste damit beeindruckt werden können."

gudrun, vöcklabruck

„der fenchel ist bei meinen gästen gut angekommen, und die hauptspeise wurde kritisch beäugt, hat aber auch allen geschmeckt, genauso wie die nachspeise, die sehr lecker war."

alexandra, linz/st. thomas am blasenstein

„ich bin ja keine profiköchin und habe meinen bruder zum essen eingeladen, aber mir hat die organisation des menüs ausgezeichnet gefallen. es hat uns alles sehr gut geschmeckt, besonders die nachspeise war ganz köstlich. freue mich schon auf die fotos im kochbuch, die das nachkochen noch einfacher machen. summasumarum: der oktober schmeckt! vor allem die gebratenen haselnüsse haben ein unvergleichliches aroma!"

angelika, wien

„eine rundum spannende, erfrischende und köstliche sache – vom menü über die gäste, das ambiente bis hin zu den gastgebern." renate, wartberg ob der aist

„die vorspeise mit dem fenchel und der focaccia schmeckt ausgezeichnet. habe leider keine melanzani bekommen und deshalb gegrillte paprika gemacht. der reis mit der sauce war sehr lecker. die nachspeise habe ich mit eis serviert, war sehr gut!" michael, wien

„die perfekte schnatterei: saisonale und regionale zutaten in einem leichten und frischen menü vereint – das ist kreative küche genau nach meinem geschmack!" anja, wien

„die größte überraschung war für mich der kardamomreis. ganz erstaunlich, welche geschmackserlebnisse in etwas vermeintlich so einfachem stecken!" elmar, wien

Ablaufplanung

BIS 1 TAG VORHER

1. Haselnüsse grillen und schälen
2. Teig für Focaccia herstellen, eine Stunde bei Raumtemperatur gehen lassen und dann über Nacht kühl stellen.
3. Nusssauce für den Fisch vorbereiten

AM Tag SELBST

1. Blini und Melanzanikaviar herstellen
2. Zutaten für die Vorspeise (Fenchel und Käse) vorbereiten
3. Zutaten für Fisch und Reis vorbereiten
4. Zutaten für die Nachspeise vorbereiten.
5. Schlagobers schlagen und kühl stellen
6. Teig für Focaccia nochmals durchkneten, mit Öl bestreichen, mit Tomaten belegen und Salz bestreuen.
7. Backofen auf 200 °C vorheizen

30 MINUTEN BEVOR DIE GÄSTE DA SIND

1. Focaccia ca. 20 Minuten bei 200 °C backen, aufschneiden und auf den Tisch stellen
2. Ausgekühlte Buchweizenblini mit Joghurt und Melanzanikaviar belegen
3. Temperatur des Backofens auf 100 °C reduzieren und Teller für die Vorspeise im Backofen vorwärmen

WENN DIE Gäste DA SIND

1. Fenchel in der Pfanne anbraten und auf warmen Tellern anrichten und mit Käse und Fenchelgrün bestreuen.
2. Für den Reis Zwiebel mit Kardamom anbraten und Reis zubereiten.
3. Backofen wieder auf 180 °C aufheizen
4. Sobald die Vorspeisenteller abserviert wurden, den Fisch für 10 bis 15 Minuten in den Backofen geben.
5. Für die Hauptspeise Teller kurz in den Ofen geben, damit sie warm sind. Reis, Fisch und Sauce auf den Tellern anrichten.
6. Nachdem die Hauptspeise serviert wurde, die Nachspeise im Backofen 15 bis 20 Minuten backen.
7. Birnen auf die Teigblätter verteilen, mit Schoko-Nuss-Mischung füllen, mit einem Faden zusammenbinden, mit flüssiger Butter bestreichen und im Backofen bei 180 °C für 15 Minuten backen. Auf Teller anrichten, mit Schoko-Nuss-Mischung bestreuen und mit Schlagobers servieren.

Einkaufsliste

Obst & Gemüse

1 große	Melanzani
1	Granatapfel
3	Zitronen
2	Knoblauchzehen
2–3	Fenchelknollen
5	Cocktailtomaten
1	Zwiebel
2	mittelgroße, feste Birnen

Frischeprodukte

1	Ei
100 ml	Milch
125 g	Joghurt (10 % Fett)
150 g	Ziegen- oder Schafkäse (Feta)
150 g	Schlagobers
1	Strudelteig
2 EL	Butter
	evtl. Vanilleeis für die Nachspeise

Kräuter

1 Bund	Petersilie
8 Zweige	frischer oder 1–2 TL getrockneter Thymian

Fisch & Fleisch

4	Forellen- oder Saiblingsfilets (120–150 g pro Stück)

Trockenzutaten

2 EL	Kristallzucker
250 g	Basmatireis
100 g	Buchweizenmehl
¼ TL	Backpulver
2 EL	Tahina (Sesampaste)
4 EL	Ahornsirup oder Rohrzucker
500 g	glattes Weizenmehl
1 Pkg.	Trockengerm
6	in Öl eingelegte Tomaten
100 g	Nüsse (Walnüsse, Mandeln oder Pinienkerne)
30 g	Haselnüsse
30 g	dunkle Schokolade (70 %)

Gewürze

½ TL	gemahlener Zimt
8	Kardamomkapseln
¼ TL	gemahlener Piment
1 EL	Balsamicoessig
1 TL	grobes Meersalz
	Salz
	frisch gemahlener Pfeffer
	Sonnenblumenöl
	Olivenöl

Menü
November
Rote-Rüben-Puffer
mit Krenfrischkäse
Gegrillter Kürbis mit Kichererbsen,
Sesamdressing und Gewürzfladen
Rindfleischtajine mit Mandeln,
Dörrpflaumen und Couscous
Leichte Topfencreme
auf Orangen-Minze-Salat
Zur geheimen Schnatterei

„ich bin seit der geburtsstunde der ‚geheimen schnatterei' mit dabei – vor allem als passionierte esserin. ich finde es aufregend, für einen abend gastgeberin zu sein, ohne den kochlöffel schwingen und meine wohnung dafür auf hochglanz bringen zu müssen. es macht mir viel spaß, die gäste zu bedienen – und zu schnattern. als mir bianca von ihrer idee und dem konzept der ‚geheimen schnatterei' erzählt hat, war ich davon sofort begeistert. da bei mir die eigenschaft zur passionierten esserin stärker ausgeprägt ist als jene der köchin, ist das kochbuch der ‚geheimen schnatterei' genau das richtige für mich!"

Zu Gast bei

Gudrun
im 4., Wien

Rote-Rüben-Puffer mit Krenfrischkäse

Die Puffer bekommen durch die Roten Rüben eine ganz tolle Farbe und profitieren von deren leichter Süße. Ich finde die Puffer am besten, wenn sie resch und knusprig gebraten werden. Den Frischkäse wirklich erst kurz vor dem Servieren auf den kalten Puffern verteilen, sonst werden sie wieder weich und letschert. Wer die Kalorien nicht scheut, kann die Puffer auch zweimal braten, dann schmecken sie noch besser.

WEINEMPFEHLUNG: Ein Roter Veltliner oder leicht gekühlter Rotwein, wie etwa ein Zweigelt vom Kremstal, werden hier tolle Begleiter sein. Die würzigen Weine werden dem Krenfrischkäse den richtigen Kick geben.

ARBEITSZEIT: 30–40 Minuten
SCHWIERIGKEITSGRAD: einfach
FÜR 4 PORTIONEN

ZUTATEN FÜR DIE ROTE-RÜBEN-PUFFER
250 g gekochte Rote Rüben
250 g mehlige Kartoffeln
1–2 EL glattes Weizenmehl
1 Ei
Salz, frisch gemahlener Pfeffer
Olivenöl

ZUTATEN FÜR DEN KRENFRISCHKÄSE
150 g Frischkäse
1–2 EL frisch geriebener Kren
1 Bio-Zitrone
Salz, frisch gemahlener Pfeffer

ZUBEREITUNG

1. **Für die Puffer** Rote Rüben in einem Topf mit heißem Wasser ungeschält so lange kochen, bis sie weich sind. Rohe Kartoffeln und gekochte Rote Rüben schälen und jeweils in eine eigene Schüssel reiben.
2. **Für den Frischkäse** Kren ebenfalls schälen und fein reiben. Zitronenschale abreiben und Zitronensaft auspressen. Kren und Hälfte der Zitronenschale mit dem Frischkäse vermischen. Zitronensaft, Salz und Pfeffer nach Geschmack dazugeben.
3. Die geriebenen Kartoffeln mit der Hand oder durch ein Sieb gut auspressen. Kartoffeln und Rote Rüben mit Ei sowie Mehl vermischen und mit ca. ¼ TL Salz und Pfeffer nach Geschmack würzen.
4. In einer Pfanne 2 EL Olivenöl erhitzen und mit einem Teelöffel kleine Portionen in die Pfanne geben, flach streichen (Ø ca. 4 cm) und auf jeder Seite 3 bis 5 Minuten braten, bis sie schön knusprig sind.
5. Auf Küchenpapier abtropfen und auskühlen lassen. Wenn die Puffer kalt sind, dünn mit dem Frischkäse bestreichen und mit der restlichen Zitronenschale bestreuen.

Gegrillter Kürbis mit Kichererbsen, Sesamdressing und Gewürzfladen

In der Kürbiszeit kann ich irgendwann keine Kürbissuppe mehr sehen. Dieser Salat ist eine tolle Alternative, wie man Hokkaidokürbis auch zubereiten kann. Ich persönlich liebe die Kombination von gegrilltem Kürbis mit Sesamdressing und mache immer gleich mehr davon, damit für die nächsten Tage etwas übrig bleibt. Lust auf eine schärfere Variante? Dann geben Sie einfach ein bisschen getrockneten Chili in das Dressing. Die Gewürzfladen harmonieren durch den Fenchelsamen hervorragend mit dem Kürbis.

WEINEMPFEHLUNG: Zum Beispiel ein Roter Veltliner vom Wagram – ein Exote, der hier auf seinen ebenbürtigen Speisepartner trifft.

ARBEITSZEIT: 30–40 Minuten
SCHWIERIGKEITSGRAD: einfach
FÜR 4–6 PORTIONEN

ZUTATEN FÜR DEN GEGRILLTEN KÜRBIS
600 g Hokkaidokürbis
2 Knoblauchzehen
1 rote Zwiebel
4 EL Koriander oder Petersilie
150 g getrocknete oder 1 Dose (300 g) vorgekochte Kichererbsen
Olivenöl
Salz, frisch gemahlener Pfeffer

ZUTATEN FÜR DAS SESAMDRESSING
1 Bio-Zitrone
1 Knoblauchzehe
3 EL Tahina (Sesampaste)
Olivenöl
Salz, frisch gemahlener Pfeffer

ZUBEREITUNG

1. **Für den gegrillten Kürbis & Co** die getrockneten Kichererbsen mit der 3- bis 4-fachen Wassermenge über Nacht einweichen. Danach die Kichererbsen durch ein Sieb abseihen und durchspülen. Anschließend mit etwa der doppelten Wassermenge aufkochen. Temperatur reduzieren und ca. 40 Minuten köcheln lassen, bis sie weich sind.
2. Backofen auf 200 °C vorheizen.
3. Kürbis waschen, entkernen und in ungefähr 3 cm große Stücke schneiden. Knoblauch schälen und in feine Scheiben schneiden. Kürbis mit Knoblauch, Salz, Pfeffer und 2 EL Olivenöl gut vermischen, auf ein Blech geben und etwa 20 Minuten im Ofen backen.
4. **Für das Sesamdressing** den Knoblauch schälen. Zitronenschale abreiben und Zitronensaft auspressen. 3 EL Tahina mit 2 EL Olivenöl, 3 EL Wasser, Knoblauch, Salz, Pfeffer und ca. 3 EL Zitronensaft mit einem Pürierstab zu einer sämigen Sauce pürieren. Falls sie zu wenig Säure hat, kann man noch mehr Zitronensaft dazugeben. Und wenn sie zu dickflüssig sein sollte, einfach etwas kaltes Wasser dazumischen.
5. Zwiebel schälen und fein hacken. Koriander waschen und fein hacken. Gegrillten Kürbis mit Kichererbsen, Zwiebel und der Hälfte des Korianders in eine Schüssel geben, mit Dressing übergießen und gut durchmischen. Bei Bedarf noch salzen und pfeffern.
6. Kürbis & Co auf Tellern anrichten und mit Zitronenschale und restlichem Koriander bestreuen. Gemeinsam mit den Gewürzfladen servieren.

ARBEITSZEIT: 20 Minuten
SCHWIERIGKEITSGRAD: einfach
FÜR 4–6 PORTIONEN

ZUTATEN FÜR DIE GEWÜRZFLADEN
200 g Weizenvollmehl
200 g glattes Weizenmehl
1 TL Trockengerm
1 EL Ahornsirup oder Honig
1 EL Fenchelsamen
120 ml lauwarme Milch
Salz

ZUBEREITUNG

1. Fenchel in einer Pfanne ohne Zugabe von Fett für etwa 3 Minuten rösten.
2. Mehl, Germ, Salz und Fenchel gut vermischen. Dann Ahornsirup, Milch und 120 ml lauwarmes Wasser mit einem Mixer oder Kochlöffel dazumengen. Auf einer bemehlten Arbeitsfläche 3 bis 5 Minuten kneten, bis eine kompakte Teigkugel entsteht, die nicht mehr auf der Arbeitsfläche kleben bleibt. Falls doch, langsam kleine Mengen an Mehl zugeben, bis sich der Teig löst.
3. Teig in eine Schüssel geben, mit etwas Mehl bestreuen, mit einem Geschirrtuch abdecken und für etwa eine Stunde rasten lassen.
4. Backofen auf 200 °C vorheizen.
5. Teig nochmals durchkneten und in 4 oder 6 Stücke teilen. Teig mit der Hand oder einem Nudelholz ca. 1 cm dick flach drücken und auf ein mit Backpapier ausgelegtes Blech legen. Die Fladen bei 200 °C 15 bis 20 Minuten backen.

TIPP
Um die Einweichzeit der Kichererbsen zu verkürzen, kann man 1 TL Natron dazugeben und die Kichererbsen schon nach ca. 5 Stunden kochen.

Rindfleischtajine mit Mandeln, Dörrpflaumen und Couscous

Seit meiner Reise nach Marokko haben es mir die marokkanischen Eintöpfe – sogenannte Tajines – angetan. Diese Rindfleischtajine mit Pflaumen ist ein Gedicht, und Ihre Gäste werden jubeln (das kann ich versprechen!). Der Couscous, mit Gewürzen und Organen zubereitet, ist ein erfrischender und schöner Ausgleich zur etwas deftigeren Tajine. Aber man kann natürlich auch einen einfachen Couscous oder Fladenbrot dazu reichen. Ein Sprichwort sagt: „Nur Gulasch schmeckt aufgewärmt gut!" – das Gleiche gilt auch für die Tajine. Keine Sorge also, falls etwas übrig bleibt!

WEINEMPFEHLUNG: Gereifte Blaufränkische, beispielsweise aus dem Mittel- oder Südburgenland, werden mit den tiefwürzigen Noten sowie reifen Beeren- und Pflaumenaromen schöne Begleiter für diese verführerische Hauptspeise sein.

ARBEITSZEIT: 40–50 Minuten
SCHWIERIGKEITSGRAD: einfach
FÜR 4 PORTIONEN

ZUTATEN FÜR DIE RINDFLEISCHTAJINE
600 g Rindfleisch zum Schmoren, in ca. 3 cm große Stücke geschnitten (Schulter oder Wade)
3 cm frischer Ingwer
1 Zwiebel
1 Bund Koriander oder Petersilie
2 TL gemahlener Zimt
1 Prise Safran
2 EL Ahornsirup oder Honig
150 g Mandeln
200–300 g Dörrpflaumen
Olivenöl
Salz, frisch gemahlener Pfeffer

ZUTATEN FÜR DEN COUSCOUS
1 EL Butter
2 Bio-Orangen
250 g Couscous
½ TL Koriandersamen
½ TL getrocknete Minze
Salz

ZUBEREITUNG

1. **Für die Tajine** Ingwer und Zwiebel schälen und reiben oder fein hacken. Koriander oder Petersilie waschen, trocknen und fein schneiden. Pflaumen grob schneiden.
2. In einem Topf 3 EL Olivenöl heiß werden lassen, Ingwer, Zwiebel, Zimt, 4 EL Koriander und eine ordentliche Prise frisch gemahlenen Pfeffer ½ bis 1 Minute anbraten.
3. Fleisch am besten in eine Tajine geben, mit ½ TL Salz würzen und für 2 bis 3 Minuten anbraten. Anschließend so viel Wasser zugießen, dass das Fleisch bedeckt ist. Safran, Hälfte der Pflaumen und Ahornsirup dazugeben und kurz aufkochen lassen. Temperatur reduzieren und das Fleisch ca. eine Stunde bei kleiner Hitze zugedeckt köcheln lassen. Dann die restlichen Pflaumen dazugeben und 30 Minuten weiterköcheln lassen.
4. Sollten die Mandeln nicht geschält sein, diese vor Gebrauch in einem Topf mit heißem Wasser kurz blanchieren, kalt abschrecken und mit den Fingern die Haut entfernen. Mandeln in einer Pfanne mit 1 EL Olivenöl leicht goldgelb anbraten.
5. **Für den Couscous** Koriandersamen trocken, ohne Zugabe von Fett rösten und Mörsern. Couscous mit Koriandersamen, Minze, ¼ TL Salz und Schale von einer Bio-Orange vermischen. **Wichtig:** Da es sehr viele verschiedene Sorten von Couscous gibt, bitte auf der Verpackung nachlesen, wie viel Wasser für den gekauften Couscous verwendet werden muss. Von der angegebenen Wassermenge ca. 100 ml mit frisch gepresstem Orangensaft ersetzen.
6. Couscous mit Wasser und Orangensaft erhitzen und 5 bis 7 Minuten zugedeckt köcheln lassen. Vom Herd nehmen, Butter untermischen und zugedeckt stehen lassen.
7. Rindfleischtajine noch nach Geschmack salzen und pfeffern.
8. Couscous mit Rindfleischtajine anrichten und mit gerösteten Mandeln sowie Koriander oder Petersilie bestreuen.

TIPP
Wer die Tajine schon einen Tag früher vorbereiten möchte, verkürzt die Kochzeit auf eine Stunde und erwärmt sie am nächsten Tag mit den restlichen Pflaumen nochmals.

Leichte Topfencreme auf Orangen-Minze-Salat

Ich bin ein großer Fan von Topfen bei Süßspeisen. In meiner Kindheit war Topfentorte über lange Zeit hinweg meine Geburtstagstorte. Topfen kombiniert mit Zitrusfrüchten schmeckt erfrischend und ist ein toller Abschluss für ein mehrgängiges Menü. Nachdem es im November saftige Orangen gibt, habe ich einen einfachen Orangensalat als Begleitung vorgesehen, aber eigentlich könnte man diese Creme zum Beispiel auch mit frischen Himbeeren im Sommer servieren.

WEINEMPFEHLUNG: Eine Auslese von Grau- oder Weißburgunder, etwa aus dem Neusiedlersee-Hügelland, wird mit ihren Steinfruchtnoten und feinen Säure perfekt zur Topfencreme passen.

ARBEITSZEIT: 30–40 Minuten
SCHWIERIGKEITSGRAD: einfach
FÜR 4–6 PORTIONEN

ZUTATEN FÜR DIE CREME
200 g Topfen (20 % Fett)
100 g Schlagobers
2 Eier
1 Bio-Orange
1 Bio-Zitrone
4 Blatt Gelatine
60 g Kristallzucker
1 TL Vanillezucker
½ TL gemahlener Zimt

ZUTATEN FÜR DEN SALAT
4 Bio-Orangen
1 Bio-Zitrone
½ Bund Minze

ZUBEREITUNG
1. **Für die Creme** Gelatine in kaltem Wasser einweichen. Schale von einer Orange und einer Zitrone abreiben.
2. Eier trennen und Dotter mit 30 g Kristallzucker und Vanillezucker in einem Wasserbad mit einem Schneebesen oder Mixer schaumig schlagen. Dafür einen kleinen Topf in einen großen Topf stellen, der mit 35 bis 40 °C warmem Wasser gefüllt ist. Sobald die Eier-Zucker-Mischung schaumig ist, Topfen, Zimt, Orangen- und Hälfte der Zitronenschale einrühren.
3. Gelatine auspressen und im Saft einer ausgepressten Zitrone und einer Orange erwärmen. Leicht abgekühlte Gelatinemasse unter ständigem Rühren unter die Topfenmischung rühren.
4. Topfenmasse vom Wasserbad nehmen und unter ständigem Rühren kalt schlagen.
5. Eiklar mit restlichem Kristallzucker und Schlagobers in separaten Schüsseln steif schlagen. Sobald die Topfenmasse erkaltet ist, Eischnee und Obers mit einem Kochlöffel vorsichtig unterheben.
6. Die Topfenmasse in 4 bis 6 kleine Formen (Inhalt 150 ml) füllen, mit Frischhaltefolie abdecken und im Kühlschrank für mindestens 5 Stunden kalt stellen. Wer beim Stürzen auf Nummer sicher gehen will, kann die Formen vor dem Füllen mit Frischhaltefolie auslegen.
7. **Für den Salat** 3 Orangen schälen und filetieren, d. h. mit einem scharfen Messer weitestgehend von der weißen Haut befreien. Orangenfilets mit ½ TL gemahlenem Zimt, etwas frisch gepresstem Zitronen und Orangensaft marinieren. Minze waschen, Blätter abzupfen und die Hälfte davon mit den Orangenfilets vermischen.
8. Die Topfencreme kann entweder in der Form oder gestürzt auf einem Teller serviert werden. Dazu den Rand der Formen vor dem Stürzen mit einem Messer einschneiden. Orangensalat auf die Teller aufteilen und mit Minzeblättern bestreuen.

TIPPS
Anstelle von Gelatine können Sie auch Agar-Agar verwenden.

Christiane hat weniger Gelatine verwendet, die Masse in einer großen Schüssel kalt gestellt und dann mit Esslöffeln Nockerln ausgestochen.

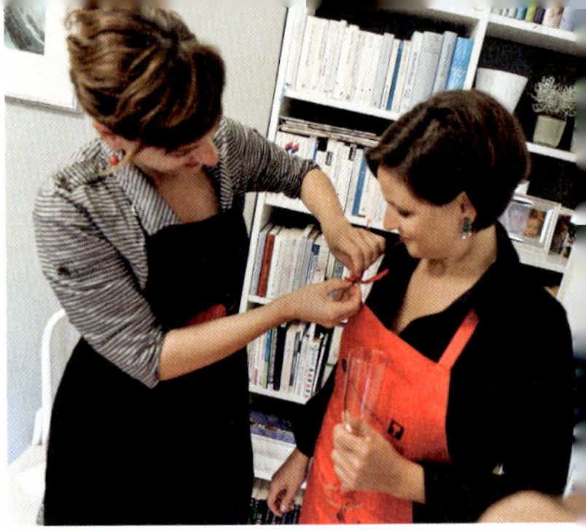

„die vorspeise schmeckt hervorragend, und unsere gäste waren von den gewürzfladen begeistert. die übrig gebliebenen zwei portionen haben wir am nächsten tag noch gegessen. herrlich! die tajine war sehr gut, und obwohl wir schon alle satt waren, haben wir noch die leckere nachspeise genossen.“

maria, wartberg ob der aist

„mmh, die tajine ist ein großes erlebnis – der duft und der harmonische geschmack!“

schien, wien

„die hauptspeise war das highlight bei meinen gästen! sehr harmonisch und rund vom geschmack. ich bin auch überrascht, wie einfach brot zu machen ist. die fladen sind super gelungen.“
christiane, wien

„bei jedem gang muss man sich zurückhalten, dass man sich nicht sofort satt isst, da alles wirklich ausgezeichnet schmeckt!“
laschi, wien

„ich habe das ganze menü gekocht und genieße nun bei meinen freunden den ruf eines superkochs. Alles ist wirklich gut und einfach gelungen. rote rüben und kartoffeln harmonieren hervorragend – die kombination mit kren gibt dem ganzen noch richtig pepp! die hauptspeise ist einfach ein gedicht, und die nachspeise wurde von den gästen in den himmel gelobt!“
daniel, linz

Ablaufplanung

BIS 2 TAGE VORHER

1. Topfencreme zubereiten

BIS 1 TAG VORHER

1. Teig für die Gewürzfladen zubereiten, ca. 30 Minuten gehen lassen und dann kühl stellen.
2. Rindfleischtajine zubereiten. Das Fleisch in der Tajine wird wie beim Gulasch mit jedem Aufkochen noch weicher und besser. Am besten nur eine Stunde köcheln lassen und die restlichen Pflaumen erst beim Aufwärmen dazugeben und nochmals 30 Minuten köcheln lassen, damit sie nicht ganz zerkochen.
3. Kichererbsen einweichen

AM Tag SELBST

1. Rote-Rüben-Puffer und Frischkäse vorbereiten
2. Kichererbsen kochen, Kürbis & Co vorbereiten
3. Gewürzfladen backen
4. Orangensalat zubereiten
5. Zutaten für Couscous vorbereiten

30 MINUTEN BEVOR DIE GÄSTE DA SIND

1. Rote-Rüben-Puffer mit Frischkäse bestreichen
2. Backofen auf 200 °C vorheizen und Kürbis grillen

WENN DIE Gäste DA SIND

1. Kürbis mit Kichererbsen zubereiten und mit Fladenbrot servieren.
2. Couscous zubereiten, bevor der Kichererbsen-Kürbis-Salat serviert wird.
3. Rindfleischtajine aufwärmen, immer umrühren, damit nichts am Boden anbrennt und gemeinsam mit Couscous, Mandeln und frischen Kräutern servieren.
4. Topfenmasse auf einen Teller stürzen und gemeinsam mit Orangensalat servieren.

geheimen

Einkaufsliste

Obst & Gemüse

250 g	Rote Rüben
250 g	mehlige Kartoffeln
4	Bio-Zitronen
7	Bio-Orangen
600 g	Hokkaidokürbis
1	rote Zwiebel
1	Zwiebel
3 cm	Ingwer
3	Knoblauchzehen

Kräuter

1 ½ Bund	Koriander oder Petersilie
½ Bund	Minze

Gewürze

1 EL	Fenchelsamen
3 EL	gemahlener Zimt
1 Prise	Safran
½ TL	Koriandersamen
½ TL	getrocknete Minze

Frischeprodukte

3	Eier
150 g	Frischkäse
120 ml	Milch
1 EL	Butter
200 g	Topfen (20 % Fett)
100 g	Schlagobers

Fleisch & Fisch

600 g	Rindfleisch in 3 cm große Stücke geschnitten (Schulter oder Wade)

Trockenzutaten

1 TL	Vanillezucker
60 g	Kristallzucker
4 Blatt	Gelatine
150 g	getrocknete oder 1 Dose (300 g) vorgekochte Kichererbsen
3 EL	Tahina (Sesampaste)
200 g	Weizenvollmehl
230 g	glattes Weizenmehl
1 TL	Trockengerm
3 EL	Ahornsirup oder Honig
150 g	Mandeln
300 g	Dörrpflaumen
250 g	Couscous

Menü
Dezember
Kürbis-Karotten-Dip
Oliven-Focaccia
Ricotta-Tomaten-Auflauf
mit Vogerlsalat
Gerollte Kalbsbrust
mit süßen Zwiebeln und
selbst gemachten Nudeln
Gekühltes
Apfel-Birnen-Tiramisu
Zur geheimen Schnatterei

„‚alte clamat epicurus: venter satur est securus!‘ schon der griechische philosoph epikur wusste einen wohlgefüllten bauch zu schätzen, ja er bezeichnete ihn sogar als schützenden hafen! ähnliches durften auch wir genießen: herrliches essen und dazu (ebenfalls in guter epikureischer tradition!) wurden überaus erfreuliche tischgespräche mit interessanten leuten serviert. dass man dabei mit menschen in kontakt kommt, die einem im ‚normalen‘ täglichen leben wahrscheinlich nie über den weg gelaufen wären, macht dabei einen besonderen reiz aus!

für uns war das – abgesehen von den lukullischen genüssen –, der größte benefit unseres abends: interessante neue gesprächspartner aus völlig verschiedenen lebensbereichen, ohne soziale berührungsängste, neugierig und in bester ‚schnatterlaune‘! bianca schafft es dabei in bemerkenswerter ausgeglichenheit, die situation entspannt zu gestalten, sie wirkt trotz allem kochstress selbst stets so wie ein gast. wir haben deine schnatterei unendlich genossen – danke!“

Zu Gast bei

Nina und Christian
im 18., Wien

Kürbis-Karotten-Dip mit Oliven-Focaccia

Ich liebe gegrilltes Gemüse. Dieser Dip schmeckt durch den gerösteten Fenchel und Kreuzkümmel leicht orientalisch angehaucht und aufgrund der verwendeten Zitrusfrüchte gleichzeitig erfrischend. Die Oliven-Focaccia ist ein All-time-Favorit. Sollte etwas vom Dip übrig bleiben, dann kann er gekühlt ruhig noch ein paar Tage aufbewahrt werden.

WEINEMPFEHLUNG: Ein belebender Rosésekt von Zweigelt oder Blaufränkisch aus dem Burgenland wird ein spannender und nobler Start für ein Weihnachtsmenü sein.

ARBEITSZEIT: 30–45 Minuten
SCHWIERIGKEITSGRAD: einfach
FÜR 4–6 PORTIONEN

ZUTATEN FÜR DEN DIP

200 g Hokkaidokürbis
200 g Karotten
2 Knoblauchzehen
1 Bio-Zitrone
1 Bio-Orange
2–3 EL Tahina (Sesampaste)
1 TL Kreuzkümmel
1 TL Fenchelsamen
Salz, frisch gemahlener Pfeffer
Olivenöl

ZUBEREITUNG

1. Backofen auf 180 °C vorheizen.
2. Kreuzkümmel und Fenchelsamen ohne Zugabe von Fett in einer Pfanne rösten und fein mörsern.
3. Karotten schälen und in 1 bis 2 cm, ungeschälten Kürbis in ca. 3 cm große Stücke schneiden. Orangen- und Zitronenschale abreiben, Saft getrennt auspressen. Knoblauch schälen und in feine Scheiben schneiden.
4. Karotten- und Kürbisstücke mit Knoblauch, 2 EL Olivenöl, gemörserten Gewürzen, Salz, Pfeffer, Orangensaft und Zitronen- sowie Orangenschale vermischen und auf ein Backblech oder in eine Auflaufform geben. Im Backofen 35 bis 45 Minuten braten, bis das Gemüse schön weich ist.
5. Gegrilltes Gemüse mit 2 EL Tahina, 3 EL kaltem Wasser und der Hälfte des Zitronensafts pürieren. Nach Geschmack noch mit Salz, Zitronensaft und Pfeffer abschmecken. Falls der Dip noch zu dickflüssig ist, Wasser oder Olivenöl dazumischen.
6. Kalten Dip mit der frischen Focaccia servieren.

ZUTATEN FÜR DIE FOCACCIA

500 g glattes Weizenmehl
1 Pkg. Trockengerm
1 EL Kristallzucker
15–20 große grüne Oliven ohne Kern
Salz
grobes Meersalz
Olivenöl

ZUBEREITUNG

1. Mehl mit 1 TL Salz, Kristallzucker und Germ gut vermischen. Mit einem Mixer oder Kochlöffel langsam 2 EL Olivenöl und 300 ml lauwarmes Wasser unterrühren.
2. Teig auf einer bemehlten Arbeitsfläche für ca. 2 Minuten weiterkneten. Es sollte eine kompakte Teigkugel entstehen, die sich von der Arbeitsfläche löst. Wenn sie an der Arbeitsfläche kleben bleibt, noch etwas Mehl dazugeben. Teig mit etwas Mehl bestauben, mit einem Geschirrtuch abdecken und für mindestens eine Stunde bei Zimmertemperatur gehen lassen.
3. Teig nochmals für 3 bis 5 Minuten durchkneten. Etwa 2 cm dick ausrollen, auf ein mit Backpapier ausgelegtes Backblech legen und nochmals eine Stunde stehen lassen. Teig mit Olivenöl bestreichen, Oliven in den Teig drücken und mit etwas grobem Meersalz bestreuen.
4. Den Backofen auf 200 °C vorheizen und das Brot 20 bis 25 Minuten backen.

TIPPS

Sie können den Teig schon am Vortag zubereiten, ihn eine Stunde bei Zimmertemperatur gehen lassen und anschließend mit einem Geschirrtuch bedeckt kühl oder in den Kühlschrank stellen.

Sollte Brot übrig bleiben, kann es zur Vorspeise gereicht werden.

Ricotta-Tomaten-Auflauf mit Vogerlsalat

Ricotta schmeckt süß und sauer sehr gut. In dieser Kombination mit Tomaten und gerösteten Pinienkernen hat er bisher allen Gästen immer sehr gemundet. Eine einfache Vorspeise, die sicher gelingt! Unbedingt mit Salat servieren, da er die Würze des Auflaufs balanciert.

WEINEMPFEHLUNG: Ein leichter Welschriesling oder Weißburgunder mit frischer Säure harmoniert mit dem Frischkäse ausgezeichnet, die knackige Säure wird ihn perfekt balancieren.

ARBEITSZEIT: 30–40 Minuten
SCHWIERIGKEITSGRAD: einfach
FÜR 4–6 PORTIONEN

ZUTATEN FÜR DEN AUFLAUF
250 g Ricotta
30 g geriebener Parmesan
1 Ei
¼ Bund frischer oder ½–1 TL getrockneter Thymian
6–8 getrocknete, in Öl eingelegte Tomaten
50 g Pinienkerne
3 EL glattes Weizenmehl
frisch geriebene Muskatnuss
Salz, frisch gemahlener Pfeffer
Olivenöl

ZUTATEN FÜR DEN SALAT
100 g Vogerlsalat
4 EL Balsamicoessig
2 TL Dijonsenf
Salz, frisch gemahlener Pfeffer
Olivenöl

ZUBEREITUNG
1. Backofen auf 180 °C vorheizen.
2. Pinienkerne ohne Zugabe von Fett in einer Pfanne rösten. **Achtung:** Pinienkerne nicht aus den Augen lassen, sie werden sehr schnell schwarz.
3. **Für den Auflauf** Tomaten fein hacken und mit Ricotta, ⅔ der Pinienkerne, Parmesan, Ei, 2 EL Mehl, Muskatnuss nach Geschmack, Thymian, einer guten Prise Salz sowie Pfeffer gut verrühren. **Achtung:** Die Tomaten sind geschmacksintensiv und salzig, daher nur vorsichtig nachsalzen.
4. Vier bis sechs kleine Auflaufformen (Inhalt ca. 180 ml) mit Öl einfetten und mit Mehl bestäuben. Die Masse im Backofen etwa 30 Minuten backen. Wird eine große Auflaufform verwendet, dann erhöht sich die Backzeit auf 30 bis 40 Minuten.
5. **Für das Salatdressing** 2 TL Senf, 4 EL Balsamicoessig, 5 EL Öl, 4 EL Wasser, Salz und Pfeffer pürieren.
6. Leicht ausgekühlte Auflaufformen am Rand mit einem Messer einschneiden und auf Teller stürzen. Salat mit dem Dressing anrichten und mit den restlichen Pinienkernen bestreuen.

Gerollte Kalbsbrust mit süßen Zwiebeln und selbst gemachten Nudeln

Das Weihnachtsessen ist ein großes und „heißes" Thema in meiner Familie. Traditionellerweise gibt es gefüllte Kalbsbrust, bei der sich aber die Geister scheiden und dadurch der Weihnachtsfrieden etwas gefährdet ist. Da ich persönlich kein großer Fan unserer Familientradition bin, habe ich hier – speziell für meine Mama – eine andere, geschmacksintensive Variante ausprobiert, die vielleicht die Geister wieder eint. :-) Jürgen meinte, die Nudeln mit der Sauce alleine seien schon eine Wucht!

WEINEMPFEHLUNG: Ein gereifter Chardonnay oder ein kräftiger Grüner Veltliner, etwa aus dem Kamptal, wird damit perfekt harmonieren und zu den süßen Zwiebeln einen harmonischen Gegenpart setzen.

ARBEITSZEIT: 50–60 Minuten
SCHWIERIGKEITSGRAD: mittel
FÜR 4–6 PORTIONEN

ZUTATEN FÜR DIE KALBSBRUST

800 g Kalbsbrust ohne Knochen (für magerere Stücke eignen sich auch Schlussbraten, Karree oder Schulter)
100 g dünn geschnittener Bauchspeck
4 Knoblauchzehen
6 Schalotten
2 Zweige frischer oder 1 TL getrockneter Rosmarin
½ Bund frischer oder 1–2 TL getrockneter Thymian
½ Bund Petersilie
1 Bio-Zitrone
100 ml trockener Weißwein
2 EL Tomatenmark
1 Dose geschälte Tomaten
1 EL Maisstärke
Salz, frisch gemahlener Pfeffer
Olivenöl
Zwirn oder Spagat zum Zusammenbinden

ZUTATEN FÜR DIE KLARE SUPPE

1 Zwiebel
2 Karotten
½ Sellerieknolle
2 Lorbeerblätter
10 Pfefferkörner
Salz
Olivenöl

ZUBEREITUNG

1. Als Basis für die Sauce wird eine klare Gemüsesuppe verwendet, die gut im Voraus vorbereitet werden kann. **Für die Gemüsesuppe** einen Topf mit 2 EL Öl erhitzen. Ungeschälte Zwiebel der Breite nach halbieren und mit der Schnittfläche nach unten im Öl anbraten, bis die Schnittfläche dunkelbraun ist.
2. Sellerie und Karotten schälen, in 2 bis 3 Stücke schneiden und zu der Zwiebel geben. Mit ca. 1 l Wasser aufgießen, 1 TL Salz, Pfefferkörner sowie Lorbeerblätter dazugeben. Suppe einmal aufkochen und dann etwa 40 Minuten köcheln lassen, abgießen und kalt stellen.
3. Backofen auf 180 °C vorheizen.
4. **Für die Kalbsbrust** Petersilie, Rosmarin sowie Thymian waschen, trocknen und fein hacken.
5. Knoblauch schälen und halbieren. Fleisch mit ½ TL Salz und Pfeffer gut würzen und mit einem spitzen Messer der Länge nach 8 Mal ca. 1 cm tief einschneiden, damit die Knoblauchzehen darin Platz haben. Bauchspeck gleichmäßig auf dem Fleisch verteilen. Rosmarin, die Hälfte des Thymians sowie der Petersilie ebenfalls auf dem Fleisch verteilen. Das Fleisch einrollen und mit Zwirn oder Spagat zusammenbinden.
6. In einer Pfanne 3 EL Öl erhitzen und das Fleisch von jeder Seite gut anbraten, bis es braun ist. Aus der Pfanne nehmen und auf einen Teller legen.
7. Schalotten schälen und in feine Scheiben schneiden. Bei mittlerer Hitze im Bratrückstand goldbraun anbraten und 2 EL Tomatenmark sowie geschälte Tomaten kurz mitbraten. Zitronenschale abreiben und zufügen. 300 ml Suppe und den Wein dazugießen und aufkochen lassen.
8. Zwiebelsauce in eine Auflaufform gießen und Fleisch hineinsetzen. Die Kalbsbrust soll zu ca. ⅔ gut mit Sauce bedeckt sein. Falls es zu wenig Sauce ist, mit der restlichen Suppe oder dem verbliebenen Tomatensaft aufgießen.

9. Braten im Backofen für 1 bis 1 ½ Stunden braten, bis das Fleisch weich ist.
10. Fleisch aus dem Bratensaft nehmen und für etwa 10 Minuten auf einem Brett rasten lassen. Sauce in einen Topf füllen. 1 EL Maisstärke mit 50 ml Suppe oder Wasser verrühren und in die Sauce einrühren. Einmal aufkochen lassen, damit die Sauce etwas eindickt.
11. Fleisch in Scheiben schneiden und gemeinsam mit Nudeln und Zwiebelsauce servieren. Mit etwas Olivenöl beträufeln, mit restlichem Thymian und Petersilie sowie Pfeffer bestreuen.

ZUTATEN FÜR DIE NUDELN

3 Eier
300 g griffiges Weizenmehl
1 EL Olivenöl
½ TL Salz

ZUBEREITUNG

1. Mehl in eine Schüssel geben und mit dem Salz vermischen. Eier und Olivenöl zufügen und mit einem Koch- oder Esslöffel die Flüssigkeit mit dem Mehl gut vermischen. Auf einer bemehlten Arbeitsfläche durchkneten, bis eine kompakte Teigkugel entsteht. **Wichtig:** Der Nudelteig sollte wirklich trocken sein und nicht mehr an der Arbeitsfläche haften.
2. Teig mit Frischhaltefolie abdecken und für 30 Minuten im Kühlschrank rasten lassen.
3. Wenn eine Nudelmaschine verwendet wird, dann den Teig in etwa 5 Portionen teilen. Zuerst mit der kleinsten Stufe (0) und dann in mehreren Durchläufen (3 bis 5) immer dünner ausrollen. Werden die Nudeln als Beilage verwendet, dann eignen sich die Stufen 7 und 8 gut. **Wichtig:** Die Arbeitsfläche großzügig mit Mehl bestäuben, damit die Nudeln nicht zusammenkleben.
4. Wenn der Teig dünn genug ist, mit dem entsprechenden Aufsatz Bandnudeln schneiden, die einzelnen Nudeln großzügig mit Mehl bestauben und auf ein Blech legen.
5. Wenn Sie keine Nudelmaschine besitzen, dann können Sie den Teig auf einer bemehlten Arbeitsfläche mit einem Nudelholz dünn ausrollen und mit einem Messer schneiden. Beginnen Sie am besten mit einer kleinen Portion Teig.
6. Einen großen Topf mit Salzwasser erhitzen und die Nudeln in 2 bis 4 Minuten bissfest kochen. Da viel Mehl verwendet wurde, die Nudeln mit kaltem oder warmem Wasser durchspülen, damit sie nicht verkleben.
7. Wenn die Nudeln nochmals erwärmt werden müssen, dann können sie in etwas geschmolzener Butter geschwenkt oder gleich in der Fleischsauce kurz erwärmt werden.

TIPPS

Lassen Sie sich bereits beim Kauf Knochen und überschüssiges Fett vom Fleisch entfernen. Falls es keine Kalbsbrust zu kaufen gibt, können auch andere Fleischteile, die sich zum Rollen eignen, verwendet werden (z. B. Nacken).

Fragen Sie nach den Fleischknochen. Diese können in der Suppe mitgekocht werden.

Machen Sie vom Braten am besten mehr, damit etwas für die Jause übrig bleibt! Kalt und ganz dünn aufgeschnitten schmeckt der Braten herrlich!

Haben Sie wenig Zeit oder trauen Sie sich die selbst gemachten Nudeln nicht zu, dann kaufen Sie am besten hochwertige Nudeln mit einem hohen Eiergehalt.

Auch Kartoffelpüree macht sich hervorragend als Begleiter für den Kalbsbraten.

Gekühltes Apfel-Birnen-Tiramisu

Als Abschluss zu diesem etwas üppigeren Menü wird eine erfrischende Nachspeise serviert, die bei meinen Qualitätsköchen und Gästen als weiterer Höhepunkt gilt. Der Zimt verleiht dem Ganzen eine weihnachtliche Note und holt in aromatischer Hinsicht das Beste aus Apfel und Birne heraus. Aber nicht nur zur Weihnachtszeit wird dieses Dessert Ihre Gäste glücklich machen.

WEINEMPFEHLUNG: Eine Auslese vom Welschriesling mit feinen Winterapfel- und Heunoten aus dem Weinbaugebiet Neusiedlersee wird hier eine schöne Kombination bilden.

ARBEITSZEIT: 30–40 Minuten
SCHWIERIGKEITSGRAD: einfach
FÜR 4–6 PORTIONEN

ZUTATEN

250 g Schlagobers
200 g Mascarpone
1 großer säuerlicher Apfel
1 große Birne
100–200 ml naturtrüber Apfelsaft
200 g Biskotten
1 Sahnesteif
2 EL Kristallzucker
1 Zimtstange
1 TL gemahlener Zimt
1 Vanilleschote
2 EL Kakaopulver

ZUBEREITUNG

1. Apfel und Birne schälen, vierteln und Kerngehäuse entfernen. In einen Topf geben und mit naturtrübem Apfelsaft aufgießen, sodass das Obst bedeckt ist. Zimtstange zufügen, einmal aufkochen und anschließend bei kleiner Temperatur köcheln lassen, bis das Obst weich ist. Zimtstange herausnehmen, pürieren und erkalten lassen. Mit etwa ¼ TL Zimt abschmecken.
2. Vanilleschote der Länge nach aufschneiden, Mark herausschaben und mit Schlagobers sowie Sahnesteif aufschlagen. Mascarpone mit 1 EL Kristallzucker cremig schlagen und mit Schlagobers vorsichtig mit einem Kochlöffel vermengen.
3. Eine mittelgroße runde Auflaufform (Ø ca. 25 cm) oder 4 bis 6 kleine Förmchen bzw. Gläser (Inhalt ca. 200 ml) vorbereiten. Abwechselnd mindestens 2 Lagen Biskotten, Mascarponecreme und Apfel-Birnen-Mus abwechselnd in die Form schlichten und mit einer Cremeschicht abschließen. Mit Frischhaltefolie abdecken und für mindestens 4 Stunden kalt stellen. Vor dem Servieren Kakaopulver mit ¼ bis ½ TL Zimt vermischen und das Tiramisu damit bestreuen.

TIPP

Wenn Sie Calvados, Birnenschnaps oder Rum zu Hause haben, dann können Sie den Geschmack des Apfel-Birnen-Muses damit noch intensivieren.

„super rezepte! einfach und verständlich zum nachkochen, die mengen passen auch sehr gut! tolles zusatzfeature sind der ablaufplan und die einkaufsliste, damit schafft man locker ein viergängiges menü. ich bin echt kein kalbfleischfan, aber das war eine neue geschmackserfahrung. tolles menü!" anita, linz

„uns und unseren gästen hat alles geschmeckt. besonders der dip mit der focaccia und die vorspeise haben großen anklang gefunden. die oliven-focaccia ist wirklich vorzüglich!"
patricia und martin, wien

„wir haben das menü zu fünft nachgekocht, und das gemeinsame kochen war wirklich super! die einzelnen speisen haben uns ganz toll geschmeckt, und die nachspeise war ein höhepunkt. die vorspeise einfach und lecker!" claudia, elke, eva, roman & tanja, wien

„das ambiente und die unterhaltungen mit immer wieder neuen und interessanten gästen sind einzigartig! das essen wie immer wundervoll!“

stephanie, wien

„das essen war super lecker, insbesondere die focaccia. das dressing für den vogerlsalat fand ich besonders gut – ist schon in mein standardrepertoire übernommen! hab's am nächsten tag als marinade für gurkensalat verwendet. eine top kombi!“

anja, wien

„das kochen nach deinen rezepten war ganz toll, und es hat uns super geschmeckt! ich freu mich sehr aufs kochbuch!“

cora, linz

„der aperitif hat allen gästen sehr gut geschmeckt, und besonders für die vorspeise habe ich viel lob bekommen! der braten war der hit des abends – ein total einfaches rezept mit großer wirkung! man hat den eindruck, dass so ein braten die Menschen zusammenbringt :-)“

karin, wien

Ablaufplanung

BIS 1 TAG VORHER

1. Klare Gemüsesuppe für den Braten vorbereiten
2. Apfel-Birnen-Tiramisu zubereiten
3. Kürbis-Karotten-Dip herstellen
4. Teig für Focaccia zubereiten, eine Stunde bei Zimmertemperatur rasten lassen und anschließend mit einem Geschirrtuch abgedeckt über Nacht kühl stellen.

AM Tag SELBST

1. Nudelteig zubereiten und rasten lassen. Nudeln kochen.
2. Braten zubereiten
3. Focaccia-Teig nochmals kneten und eine Stunde rasten lassen. Anschließend bei 200 °C 20 Minuten backen.
4. Ricotta-Tomaten-Masse vorbereiten
5. Dressing für Vogerlsalat zubereiten

30 MINUTEN BEVOR DIE GÄSTE DA SIND

1. Dip nochmals durchrühren und abschmecken, in kleine Schüsseln füllen und gemeinsam mit Focaccia als Aperitif servieren
2. Ricotta-Tomaten-Auflauf im Backofen bei 180 °C ca. 30 Minuten backen

WENN DIE Gäste DA SIND

1. Vogerlsalat mit dem Dressing marinieren. Auflaufförmchen am Rand mit einem Messer einschneiden und auf Teller stürzen. Mit Salat anrichten und mit restlichen Pinienkernen bestreuen.
2. Braten 15 Minuten rasten lassen. Für die Sauce 1 EL Maisstärke mit Wasser verrühren und in der Sauce aufkochen lassen.
3. Nudeln in 2 bis 4 Minuten bissfest kochen und mit warmem oder kaltem Wasser durchspülen. In der Bratensauce kurz durchziehen lassen. Braten aufschneiden, mit Nudeln und Sauce anrichten und mit restlichem Thymian und Petersilie bestreuen.
4. Tiramisu mit Kakao-Zimt-Mischung bestreuen und servieren.

pankrazhofer

Zur geheimen Schnatterei

Einkaufsliste

Obst & Gemüse

200 g	Hokkaidokürbis
250–300 g	Karotten
6	Knoblauchzehen
2	Bio-Zitronen
1	Bio-Orange
100 g	Vogerlsalat
6	Schalotten
1	Zwiebel
1	großer säuerlicher Apfel
1	große Birne

Kräuter

2 Zweige	frischer oder 1 TL getrockneter Rosmarin
1 Bund	frischer oder 2–3 TL getrockneter Thymian
½ Bund	Petersilie

Gewürze

1 TL	Kreuzkümmel
1 TL	Fenchelsamen
	frisch geriebene Muskatnuss
2 TL	Dijonsenf
2	Lorbeerblätter
10	Pfefferkörner
1	Zimtstange
1 TL	gemahlener Zimt
1	Vanilleschote
	Balsamicoessig
	grobes Meersalz
	Salz
	frisch gemahlener Pfeffer
	Olivenöl

Frischeprodukte

250 g	Ricotta
30 g	Parmesan
4	Eier
250 g	Schlagobers
200 g	Mascarpone

Fisch & Fleisch

800 g	Kalbsbrust ohne Knochen (für magerere Stücke eignen sich auch Schlussbraten, Karree oder Schulter)
100 g	dünn geschnittener Bauchspeck

Trockenzutaten

2 EL	Kakaopulver
1 Pkg.	Sahnesteif
1 Pkg.	Trockengerm
3 EL	Tahina (Sesampaste)
3 EL	Kristallzucker
200 g	Biskotten
550 g	glattes Weizenmehl
300 g	griffiges Weizenmehl
50 g	Pinienkerne
100 ml	trockener Weißwein
2 EL	Tomatenmark
1 Dose	geschälte Tomaten
1 EL	Maisstärke
200 ml	naturtrüber Apfelsaft
6–8 Stück	in Öl eingelegte Tomaten
20 Stück	große grüne Oliven ohne Kern
	eventuell Calvados, Birnenschnaps oder Rum für die Nachspeise
	Zwirn oder Spagat zum Binden des Bratens

KÜRBIS
KG 1,20

Umrechnungsratgeber für Backofentemperaturen

Falls nicht anders angeführt, werden in diesem Kochbuch alle Backofentemperaturen in °C für den Umluftbetrieb angegeben. Nachdem ich bereits in mehr als 50 Küchen gekocht und auch mindestens genauso viele Backöfen benutzt habe, kann ich aus Erfahrung behaupten, dass Umluft nicht Umluft und Elektroherd nicht Elektroherd ist. **Mein Tipp:** Schauen Sie 5 bis 10 Minuten vor Ablauf der angegebenen Backzeit nach, ob sie sich verkürzt oder verlängert.

Im Folgenden finden Sie eine Umrechnungstabelle, wenn Ihr Backofen keine Umluftfunktion haben sollte.

Umluftherd (°C)	Elektroherd (°C)	Gasherd (Stufe)
130	150	1
140	160	1
150	170	1–2
160	180	2
170	190	2–3
180	200	3
190	210	3–4
200	220	4
210	230	4–5
220	240	5

Kleiner Küchendolmetscher

Biskotten	Löffelbiskuit
Eidotter	Eigelb
Eiklar	Eiweiß
Faschiertes	Hackfleisch, Gehacktes
Fisole	grüne Bohne
Germ	Hefe
Kaffirlimette	ähnlich der bei uns üblichen Limette, jedoch nicht mit glatter, sondern mit runzeliger Schale, die wie auch die Blätter aufgrund ihres feinen Aromas in der asiatischen Küche gerne verwendet wird
Karfiol	Blumenkohl
Karotte	Möhre
Karree	Rippenstück
Kohlsprossen	Rosenkohl
Kren	Meerrettich
Labneh	orientalischer Frischkäse
letschert	fad, zäh, weich
Marille	Aprikose
Melanzani	Aubergine(n)
Mohnflesserl	Mohnzopf
Mohnkrone	süßes Hefegebäck
Nockerl	Klößchen
resch	knusprig
Ribisel	Johannisbeere
Rote Rübe	Rote Bete
Schlagobers	Schlagsahne
Schlussbraten	Braten von der Kalbskeule
schnattern	gut essen, angeregt plaudern
Semmelbrot	Semmelwürfel
Tahina	Sesampaste
Tajine	in der nordafrikanischen Küche sowohl das Gefäß als auch das darin gekochte Schmorgericht
Topfen	Quark
Vogerlsalat	Acker-, Feldsalat
Weckglas	Einmachglas
Zwetschke	Zwetsch(g)e

Rezeptregister

Mit freundlicher Unterstützung von ...

Vielen Dank für die tolle Unterstützung an meine geschätzten Projektpartner.

SONNENTOR
Da wächst die Freude.

WEINGUT LUNZER
GOLS / NEUSIEDLERSEE
www.lunzerwein.at

goldmarie
GENUSSBOUTIQUE

MAITZ
URBANIKELLER

pankrazhofer
eva und norbert eder

Mühlviertler Kernland
Mensch.Wert.LEADER-Region

james
barz & barz
www.james-shop.com

Manner
WIEN

Post
Post.Wertlogistik Gmbh

GUTES VOM BAUERNHOF
www.gutesvombauernhof.at

Bio-Weingut
Kemetner

Hintersteininger
GAUMENFREUDEN
Regionale Fleisch- und Wurstspezialitäten
Christian Hintersteininger Fleischerei
Markt 36, 4284 Tragwein, Tel.: 07263-88264-0
www.gaumenfreudenfest.at

Umathum

WEINGÄRTNEREI
ENGELBRECHT
www.engelbrecht-wein.at

ZANTHO
feine.weine.burgenland

mowslide | agency | production
3D
VFX
PostPro
Film Foto
Homepage
www.mowslide.eu

TANKAI
vienna

Impressum

Bibliografische Information der Deutschen Nationalbibliothek

Die Deutsche Nationalbibliothek verzeichnet diese Publikation in der Deutschen Nationalbibliografie; detaillierte bibliografische Daten sind im Internet über http://dnbddb.de abrufbar.

1. Auflage 2012

Konzept, Projektleitung, Foodstyling:
Bianca Gusenbauer
Fotos: Jürgen Pletterbauer (pletterbauer.net)
Grafische Gestaltung: Ulli Pimminger
(pimmpmymedia@gmail.com)
Weinempfehlungen: Thomas Gratzer
Lektorat: Jürgen Ehrmann (media-solutions.at)
Druck und Bindung: Grasl FairPrint
(www.grasl.eu)

ISBN 978-3-200-02826-5

Alle Angaben in diesem Werk wurden von mir sorgfältig recherchiert und geprüft. Für die Richtigkeit der Angaben kann jedoch keinerlei Haftung übernommen werden. Für Hinweise und Anregungen bin ich jederzeit dankbar. Mehr Infos zu meinem Social-Dining-Projekt unter **www.geheimeschnatterei.at**

Dieses Buch wurde CO_2-neutral gedruckt.

CLIMATEAUSTRIA
Ihr Beitrag
zum Klimaschutz

Danksagung

Ganz herzlich danken möchte ich zuerst **meiner Mama**, die wirklich viel Geduld hat, mich immer – nämlich seit ich denken kann – mitkochen hat lassen, mir Arbeitsaufgaben übertragen und mir das notwendige Rüstzeug sowie die erforderliche Gelassenheit in der Küche beigebracht hat. Auch wenn sie ihren Küchenteppich generell in Sicherheit bringt, bevor ich daheim zu kochen beginne :-), stellt sie mir trotzdem immer wieder ihre Küche für meine Kochexperimente zur Verfügung. Danke, liebe Eltern, dass ihr mich und meine Projekte nie in Frage stellt, sondern ganz im Gegenteil. **An dieser Stelle möchte ich mich generell bei meiner gesamten Familie und insbesondere bei meinen Schwestern für ihre Unterstützung bedanken.** Auch dafür, dass sie stets entspannt und offen sind, sich für meine Projekte begeistern, positive Stimmung verbreiten und ich mich auf sie verlassen kann.

Ein herzliches Dankeschön an meinen Freundes- und Bekanntenkreis, der für meine Ideen immer aufgeschlossen ist, daran glaubt und mir schon oft geholfen hat. Selbstverständlich danke ich auch allen treuen Gästen der „geheimen Schnatterei" für ihre Teilnahme und vor allem den Gastgebern für ihre tolle Unterstützung dieses Social-Dining-Projekts.

Meinem Kochbuchteam – Ulli, Jürgen und Jürgen – möchte ich meinen Dank für die gute Zusammenarbeit und unser schönes Endprodukt aussprechen. **Jede Menge Begeisterung und großes Engagement haben es ermöglicht, dass der straffe Zeitplan eingehalten und so manche anstrengenden Stunden durchgehalten wurden.** Danke auch an **Tom** für die Weinempfehlungen und **Ladi** für den IT-Support.

Großen Dank an alle 17 Gastgeberinnen und Gastgeber, die kein bisschen gezögert haben, beim Kochbuch mitzumachen. Ich bin beeindruckt. Ein großes Dankeschön an alle **50 Qualitätsköchinnen und -köche**, die sich vorab durch die Menüs gekocht und mir viele wertvolle Tipps und Rückmeldungen gegeben haben.

Bis auf einen Markttag in Linz, wurden alle Marktfotos am Hannovermarkt in Wien-Brigittenau geschossen. Es war immer ein Spaß, am Samstag die **Marktstandler** zu besuchen, die neugierig und engagiert mitgewirkt haben. Vielen Dank für die Unterstützung! Die glücklichen Weideschweine leben in St. Marienkirchen (OÖ) bei Gerold. Danke – **Christian und Gerold** – für euer Engagement und das nette Frühstück!

Zum Schluss möchte ich verbale Blumensträuße an alle verteilen, die sich für meine Projekte begeistern und mich laufend unterstützen.